Emil Kneschke

Das königliche Konservatorium der Musik zu Leipzig, 1843-1893

Emil Kneschke

Das königliche Konservatorium der Musik zu Leipzig, 1843-1893

ISBN/EAN: 9783743398542

Hergestellt in Europa, USA, Kanada, Australien, Japan

Cover: Foto ©Thomas Meinert / pixelio.de

Manufactured and distributed by brebook publishing software (www.brebook.com)

Emil Kneschke

Das königliche Konservatorium der Musik zu Leipzig, 1843-1893

Neues Haus des Königl. Conservatoriums der Musik in Leipzig.

Universal-Bibliothek für Musiklitteratur,
begründet von Julius Laurencic.

No. 4-5.

Das
Königliche Conservatorium der Musik
zu Leipzig

1843—1893.

Von

Dr. Emil Kneschke.

Mit Illustrationen.

3. Tausend.

Leipzig und New-York
Internationale Verlags- und Kunstanstalt
(A. Laurencic.)
Vertriebsstelle f. d. Buchhandel: **Ernst Hedrich** in **Leipzig**.

Inhalts-Uebersicht.

Vorbemerkung.
Erstes Kapitel: **Die Gründung und das erste Jahrzehnt.**
Zweites Kapitel: **Bis zum Vierteljahrhundert.**
Drittes Kapitel: **Das „Königliche" Conservatorium.**
Viertel Kapitel: **Im eignen Hause — und fünfzig Jahre alt.**

Illustrationen:

Das alte Conservatorium } (äussere Ansichten.
Das neue Conservatorium }

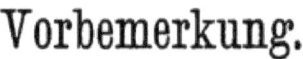

Vorbemerkung.

Ein Wort über die „Literatur" des Leipziger Conservatoriums wird statthaft sein. Unterzeichneter kann sich rühmen, darin den Reigen geführt zu haben. Zum 25jährigen Bestehen der Anstalt 1868 fand er sich mit einem ersten Festschriftchen ein, welches Breitkopf & Härtel verlegten; auch die nicht damals nur, später noch ebenso beifällig aufgenommene Idee des gedruckten Schülerzeichnisses war bei ihm entstanden: er gab das Verzeichniss des ersten Vierteljahrhunderts als Anhang seines Schriftchens. Sein Commilitone von der Leipziger Universität, Dr. Karl Whistling, griff die Idee dann wieder auf; auf geschichtlichen Text verzichtend, brachte er zum 40jährigen Bestehen der Anstalt 1883 in gewissenhafter und geschmackvoller Form und Weise — und abermals im Verlage von Breitkopf & Härtel — das über die verflossenen vier Decenien ausgedehnte Schülerverzeichniss nebst Angabe der Directoren und Lehrer, unter dem Titel: „Statistik des Königl. Conservatoriums der Musik zu Leipzig, 1843—1883".

Dann nahte sich der Einweihungstag des neuerbauten Institutshauses, der 5. December 1887 — die „Leipziger Musik- und Kunstzeitung" liess eine Festnummer erscheinen, deren wesentlichste Beiträge zwei Aufsätze von Bernhard Vogel (Musikreferenten des „Tageblattes") und Karl Kipke (früherem Schüler des Conservatoriums) waren: „Rückblick auf die Geschichte des Königl. Conservatoriums", bez. „Protectorat, Directorium, Lehrkräfte". Zur Erinnerung an den Tag wurden beide Aufsätze in Wiederabdruck zu einer Broschüre vereinigt: „Das Königl. Conservatorium der Musik in Leipzig. Geschichtliches und Biographisches u. s. w." (Verlag von Edwin Schlömp). Beide Autoren haben ihrer Vorgänger Kneschke und Whistling mehrfach mit Anerkennung gedacht, und sie hinwiederum benutzte mit Dank und citirte gern der Erstere jener ihrer Vorgänger, indem er sich jetzt für seine Person wieder zu einem Nachfolger gemacht hat.

Mit anderen Worten: beim 50jährigen Jubiläum der Anstalt hat er an seine 25 Jahr alte Idee neu angeknüpft und den geschichtlichen Gang weiter geführt bis zum dem vollendeten halben Jahrhundert. Er bietet in den nachfolgenden Blättern seine schlichte Gabe so herzlich dar, wie sie gemeint ist. Und er braucht nur noch zu bemerken, dass jetzt das Schülerverzeichniss eine Sache geworden, welche das Directorium selbst authentisch in die Hand genommen. Sie hat ein solches vollständig zusammengestellt und zu der (aus Gründen etwas anticipirten) Festfeier am 10. März im Druck erscheinen lassen, wofür der Vorsitzende des Directoriums, Stadtrath a. D. Dr. Otto Günther, in seiner Festrede das liebenswürdige Motiv fand: „Unsere Schüler sind unser Stolz".

Uebrigens gedachte auch das Vorwort der betr. officiellen Festschrift wieder der beiden „Historiker" des Conservatoriums, Kneschke und Whistling, in ehrender Weise. Zu seinem Theile sagt der Unterzeichnete für diese Anerkennung hier seinen Dank, vielleicht auch bethätigte er letzteren schon, bis zu einem bescheidenen Grade, eben durch die nachfolgenden Blätter, mit denen die „Literatur" unserer Anstalt um ein neues Bändchen, die Nummer 6 in der Reihe, anwächst.

Der Verfasser.

Erstes Capitel.

Die Gründung und das erste Jahrzehnt.

Die Musikschulen Anstalten mit dem Zweck, einer grösseren Zahl von Schülern gleichzeitig Musik zu lehren, sowie diese dabei in ihrer Reinheit zu erhalten, und denen man deshalb den Namen Erhaltungsanstalt, neulateinisch Conservatorium, gegeben, sind, wie bekannt, italienischen Ursprungs. Sie sind hier zum Theil fromme Stiftungen einer früheren Zeit und waren anfangs meist mit Klöstern oder mit Hospitälern verbunden — speziell die bedeutsame Rolle der Musik im Kloster schreibt sich schon weit aus dem Mittelalter her —; andere wurden durch die Spenden reicher Privatleute begründet, sowie unterhalten. Wohl das älteste und berühmteste war das Conservatorio di Santa Maria di Loreto, 1537 durch den Geistlichen Giovanni di Tappia ins Leben gerufen. In Frankreich war 1784 eine Ecole Royale de chant et de declamation vorhanden, welche dann in der Revolutionszeit, insbesondere um dem Mangel an Instrumentalmusikern für die Armee abzuhelfen, durch Decret des Conventes, gerade jetzt vor einem Jahrhundert (1793) zu einem Institut national de musique erhoben ward. Zwei Jahre später erhielt dies Institut einen grössere Ausdehnung und den Namen Conservatoire. Das berühmte Pariser Conservatoire, später unter Leitung von Cherubini, Auber, Massenet stehend, kann also in zwei Jahren, 1895, sein hundertjähriges Jubiläum feiern. Was andere Länder betrifft, so folgte 1833 Belgien, indem die Hauptstadt Brüssel ein Conservatoire erhielt, sowie 1843 Deutschland, wo Leipzig, die Musikstadt, als solche sich durch Gründung eines Musik-Conservatoriums von neuem zu bewähren verstand.

Dort hatte schon der wackere Johann Adam Hiller, der Dirigent des sogenannten „Grossen Concerts" in den „drei Schwanen" auf dem „Brühl", den Gedanken einer regelrechten Musikschule verfolgt. Seine „Primadonna", „Mademoiselle Schmehling", die später hochgefeierte Madame Mara, hatte zu Ostern 1771 Abschied von Leipzig genommen, um als Sängerin in Königlich Preussische Dienste zu treten. Da ihre Stelle beim Concert nicht leicht wieder zu besetzen war, so sann Hiller — wie er in autobiograhraphischen Aufzeichnungen selbst die Sache dargestellt hat — „in der Meinung, dass die Deutschen auch singen können, wenn sie nur dazu angeführt werden, darauf, eine kleine Singschule zu errichten, um wenigstens den Concerten Sänger und Sängerinnen zu verschaffen, auch den Gesang der Kirche einigermassen zu verbessern." Zu diesem Zweck machte er damit den Anfang, einige Knaben aus der Stadt zu unterrichten und diese bisweilen im Concert mit einer Arie oder einem Duett auftreten zu lassen. Bald fanden sich auch „einige junge Frauenzimmer", welche den Gesang unter seiner Unterweisung studiren wollten. Kurz, der Kreis der Lernbegierigen wuchs so, dass er im Jahre 1775 im Apelschen Hause am Markt (Königshaus) eine eigene musikübende Gesellschaft errichtete, welcher sogleich verschiedene angesehene Damen der Stadt als Clavierspielerinnen und ebenso verschiedene Liebhaber der Musik zu Besetzung der Orchesterinstrumente beitraten. Mit diesem grösstentheils eben aus Liebhabern bestehenden Musikcorps brachte er es dahin, das Graunsche und Händelsche Te Deum aufzuführen. Im Jahre 1776 kamen ein paar junge Mädchen aus Böhmen, die Schwestern Podleska, nach Leipzig, um Unterstützung zu suchen. Diese nahm Hiller in sein Haus auf, „um eine Anlage zu einem wirklichen Conservatorio zu haben". Mit diesen Mädchen und seinen Scholaren aus der Stadt setzte er den Unterricht im Gesange und den Betrieb der musikübenden Gesellschaft auf eigne Gefahr fort.

Was „Vater Hiller" geträumt, sollte zu schöner Wirklichkeit erst 67 Jahre später werden: die Mendelssohnsche Glanzzeit der Gewandhausconcerte sollte in Leipzig auch ein Conservatorium der Musik, das erste in Deutschland, erstehen sehen, und sein Schöpfer war ein Amtsnachfolger des alten Johann Adam Hiller in der Leitung dieser berühmten Concerte. Mendelssohn selbst hatte sich für die Idee dieser Schöpfung in hohem Grade begeistert gezeigt, seitdem sie gegen ihn zuerst von seinem Freunde Conrad Schleinitz ausgesprochen worden war. Die ersten Erörterungen der Angelegenheit fanden zwischen beiden Männern schon im Jahre 1837 statt. Jedoch gut Ding will Weile haben.

Am 13. Februar 1839 starb der um das gesammte Kunst- und geistige Leben Leipzigs vielfach verdiente Oberhofgerichtsrath Dr. Heinrich Blümner, geboren am 18. October 1765 ebenda und seit 1794 im Magistrate seiner Vaterstadt sitzend. Hier war er Stadtrichter seit 1804, Baumeister — es sind das die Titel der verschiedenen magistratlichen Functionen nach der alten, 1831 zu Fall gekommenen Städteordnung, — seit 1810 Proconsul, seit 1828, gleichzeitig Vorstand der Raths- oder Stadtbibliothek; dem damaligen Oberhofgericht gehörte er schon 1785 als Auditor, dann als Rath an, der Gewandhausconcert-Direction — seinen künstlerischen Neigungen folgend — seit 1802. Er war ein philologisch und philosophisch hochgebildeter Geist und in der Welt des classischen Alterthums, zumal was dramatische Kunst betrifft, heimisch, wie seine Schrift über „die Idee des Schicksals in den Tragödien des Aeschylus" darthut. Von seiner Passion für die Bühne seiner Geburtsstadt legt seine „Geschichte des Theaters zu Leipzig von dessen ersten Spuren bis auf die neueste Zeit" — das Werk erschien 1818 — ein glänzendes Zeugniss ab. Als productiver Dichter bekundete er sich in der „Dorffeier", einem Schauspiel mit Gesängen, das lange ein Lieblingsstück der Leipziger war. Ausserdem bearbeitete er mit feinem Geschmack mehrere französische Lustspiele, wovon eine Auswahl unter dem Titel: „Familientheater nach neuen französischen Lieblingsstücken" gedruckt wurde. Blümner, der ohne Leibeserben starb, hinterliess eine reiche Zahl von Legaten für die Leipziger wissenschaftlichen und Kunst-Institute. Der Stadtbibliothek vermachte er seine eigene werthvolle Büchersammlung. Was uns aber hier speciell angeht, und was diese biographischen Mittheilung über den verdienten Mann, hier als zur Sache gehörig erscheinen lassen mag: er stellte auch dem König Friedrich August II. von Sachsen für Zwecke der Kunst und Wissenschaft ein Kapital von 20 000 Thalern zur Verfügung, und ohne diese Zuwendung und testamentarische, die näheren Beschlüsse offen lassende Bestimmung hätte Leipzig damals wenigstens noch kein Conservatorium der Musik bekommen. „Zur Begründung eines neuen oder zu Unterstützung eines bereits bestehenden gemeinnützigen vaterländischen Instituts für Kunst oder Wissenschaft" — dies der Wortlaut der betreffenden Klausel in des alten Rathsherrn und Mäcens letztem Willen.

Unter dem 8. April 1840 nun sandte an den damaligen Vorstand des Leipziger Kreises, den Kreisdirector Paul von Falkenstein, Felix Mendelssohn-Bartholdy nachstehendes Schreiben:

   Hochzuverehrender Herr Kreisdirector!

Gestützt auf Ihre in unsrer neulichen Unterredung geäusserten freundlichen Gesinnungen, und in der Ueberzeugung, dass Ihnen das hiesige Kunstleben und seine weitere Fortbildung am Herzen liegt, wovon Sie uns schon so manchen Beweis gaben, erlaube ich mir, Ihnen eine Frage vorzulegen, die mir für das Interesse der Tonkunst von der höchsten Wichtigkeit zu sein scheint.

Sollte es nämlich nicht möglich sein, des Königs Majestädt zu bitten, diejenige Summe, welche der verstorbene Herr Hofkriegsrath*) Blümner für ein der Kunst und Wissenschaft gewidmetes Institut in seinem Testamente ausgesetzt, und deren Verwendung er des Königs Weisheit anheim

---

*) Es darf nicht Wundernehmen, dass der künstlerische Genius Mendelssohns, in seinem Himmel lebend, sich im zopfigen Formen- und Titelwesen des damaligen Berufs-Verwaltungslebens nicht zurecht und heimisch fand — Blümner war nicht Hofkriegsrath, wie z. B. Müller, der Leipziger Bürgermeister, auf den wohl der Irrthum hier zurückzuführen ist, sondern Oberhofgerichtsrath.

gestellt hat, zur Errichtung und Erhaltung einer gründlichen Musikschule in Leipzig zu bestimmen? Erlauben Sie mir, über die Wichtigkeit eines solchen Instituts, über die Ansprüche, die gerade Leipzig darauf haben dürfte, es in seiner Mitte zu besitzen, und über die ungefähren Grundlinien seiner Einrichtung einige Bemerkungen hier beizufügen.

Schon lange ist die Musik vorzugsweise einheimisch in diesem Lande, und gerade die Richtung in derselben welche jeden denkenden und fühlenden Kunstfreund zunächst am Herzen liegt, der Sinn für das Wahre und Ernste hat von jeher feste Wurzeln hier zu fassen gewusst. Eine so verbreitete Theilnahme ist auch gewiss weder zufällig, noch ohne bedeutende Folgen für die allgemeine Bildung gewesen und die Musik dadurch ein wichtiges Moment — nicht blos augenblicklichen Vergnügens, sondern höheren geistigen Bedürfnisses geworden. Wer sich für diese Kunst wahrhaft interessirt, dem muss sich der Wunsch aufdrängen, auch ihre Zukunft in diesem Lande auf möglicht festem Grunde ruhen zu sehen.

Aber bei der vorherrschend positiven, technisch-materiellen Richtung der jetzigen Zeit wird die Erhaltung echten Kunstsinnes und seine Fortpflanzung zwar eine doppeltwichtige, aber auch doppelt schwere Aufgabe. Nur von Grund auf scheint die Erreichung dieses Zweckes erzielt werden zu können, und wie für jede Art geistiger Bildung die Verbreitung gründlichen Unterrichts das beste Erhaltungsmittel ist, so auch gewiss für die Musik. — Durch eine gute Musikschule, die alle verschiedenen Zweige der Kunst umfassen könnte, und sie alle nur aus einem einzigen Gesichtspunkte als Mittel zu einem höheren Zwecke lehrte, auf diesen Zweck alle ihre Schüler möglichst hinführte, wäre jener practisch-materiellen Tendenz, die ja leider auch unter den Künstlern selbst viele und einflussreiche Anhänger zählt, jetzt noch mit sicherem Erfolg vorzubauen.

Der blosse Privatunterricht, der früher so manche schöne Früchte, auch für's Allgemeine, getragen hat, ist aus manchen Gründen dafür jetzt nicht mehr ausreichend. Während sich sonst Schüler der Musik für die verschiedenen Instrumente in allen Classen der Gesellschaft fanden, hat diese Liebhaberei jetzt mehr und mehr abgenommen und sich vorzugsweise auf ein Instrument, das Pianoforte beschränkt.

Die Schüler, welche anderweitigen Unterricht verlangen, sind fast durchgängig nur solche, die sich dem Fache selbst widmen wollen, denen es aber meist an Mitteln fehlt, gute Privatstunden zu bezahlen. Freilich finden sich gerade unter solchen oft die bedeutendsten Talente, aber selten sind dann andrerseits die Lehrenden durch glückliche Verhältnisse in den Stand gesetzt, ihre Zeit unentgeltlich auf die Ausbildung selbst der schönsten Talente verwerden zu können, und so entbehren meist beide Theile, erstere den ersehnten Unterricht, letztere die Gelegenheit, ihre Kenntnisse fortzupflanzen und wirksam zu erhalten. Eine öffentliche Unterrichtsanstalt wäre daher für Lehrende wie für Lernende in diesem Augenblick wichtig; den letzteren gäbe sie die Mittel an die Hand, Fähigkeiten auszubilden, die ohne dies oft unbenutzt zu Grunde gehen müssen — für die lehrenden Musiker aber wäre ein solcher Vereinigungspunkt, ein solches Wirken aus einem Gesichtspunkt und zu einem Zwecke ebenfalls wichtig, als die beste Abhülfe gegen Gleichgültigkeit und Isolirung, deren Unfruchtbarkeit heutigen Tages gar zu schnell verderblich eingreifen. Hier in Leipzig ist das Bedürfniss einer Musikschule, in welcher die Kunst mit gewissenhaftem Studium und ernstem Sinne getrieben würde, gewiss ein lebhaft gefühltes, und aus mehrfachen Gründen scheint Leipzig ein wohlgeeigneter Platz dafür zu sein. Schon ist durch die Universität ein Mittelpunkt für bildsam, emporstrebende, junge Leute gegeben, und der Schule der Wissenschaften würde sich die der Tonkunst in mannigfacher Beziehung anschliessen. An den meisten anderen grösseren Orten Deutschlands wirken öffentliche Vergnügungen für junge Leute nachtheilig und zerstreuend; hier aber, wo die meisten dieser Vergnügungen mehr oder weniger mit Musik zusammenhängen oder daraus bestehen, und wo ausser den musikalischen wenig allgemein zugängliche Genüsse geboten werden, könnten diese die Sache und jeden Einzelnen nur noch mehr fördern.

Ferner hat Leipzig gerade für den Zweig der Kunst, der immer eine Hauptgrundlage des musikalischen Studiums bleiben wird, für höhere Instrumental- und geistliche Compositionen in seinem sehr zahlreichen Concerten und Kirchenmusiken ein Bildungsmittel für angehende Tonkünstler, wie es wenig andre deutsche Städte in dem Masse aufzuweisen haben. Durch die rege Theilnahme, mit welcher Hauptwerke der grossen Meister seit den letzten 50 Jahren hier oft zuerst in Deutschland anerkannt und aufgenommen, durch die Sorgsamkeit, womit dieselben stets zu Gehör gebracht wurden, hat Leipzig einen bedeutenden Platz unter den musikalischen Städten des Vaterlandes eingenommen.

Endlich dürfte zur Unterstützung dieses Gesuchs wohl noch anzuführen sein, dass Herr Hofkriegsrath Blümner, der sich mit so grosser Liebe der Poesie und dem Poetischen in allen Künsten hinneigte, den hiesigen musikalisehen Verhältnissen stets eine besondere Aufmerkamkeit gewidmet, an der Direction der Concerte sogar thätigen Antheil genommen, und sich dafür mit Wärme interessirt hat, dass also eine derartige Verwendung dem künstlerischen Sinne des Stifters ohne Zweifel entsprechend sein würde. Während andere gemeinnützige Anstalten vielfältig gefördert, zum Theil reichlich dotirt werden, hat man gerade dem hiesigen Musikleben bis jetzt von keiner Seite her die geringste Hülfe angedeihen lassen. Da nun die musikalischen Institute der Residenz von Seite des Staates unterstützt sind, sollte nicht die Verwendung einer von einem hiesigen Einwohner ausgeworfenen Summe für die hiesige Stadt doppelt erwünscht sein, würde nicht mit doppelter Dankbarkeit eine solche Gnade von allen Seiten anerkannt werden?

Möchte aus diesen Gründen des Königs-Majestät sich bewogen fühlen, einem so vielfach gehegten Wunsche die Erfüllung nicht zu versagen, und der Kunst eine neue Anregung, eine neue Belebung zu gewähren. Es würde dem hiesigen musikalischen Treiben dadurch ein Aufschwung verliehen, dessen Wirkungen sich sehr bald und für immer aufs Wohlthätigste verbreiten müssten.

Erlauben Sie mir in der Anlage noch einige allgemeine Grundlinien zur Einrichtung einer solchen Musikschule beizufügen, und genehmigen Sie die Versicherung der ungemeinen Hochachtung, mit welcher ich die Ehre habe zu sein

Ihr stets ergebener
Felix Mendelssohn-Bartholdy."

Freilich wurde nicht schon damals der in diesem Brief ausgesprochene Wunsch erfüllt. Dem stand ein anderes, in Dresden selbstverständlich mit grossem Beifall aufgenommenes Project, das Blümnersche Legat für die dortige Kunstakademie zu verwenden, längere Zeit noch mächtig wirksam entgegen, schliesslich aber gelang es dem persönlichen Einflusse des Kreisdirectors von Falkenstein beim Könige Friedrich August II., dass Se. Majestät in huldvoller Anerkennung der Verdienste, welche sich Mendelssohn überhaupt, und insbesondere um das Musikleben Leipzigs erworben, gedachtes Capital bereitwilligst dazu bestimmte, in dieser Stadt, neben den bereits rühmlich bestehenden Anstalten für Kunst und Wissenschaft, eine Schule für Förderung der Tonkunst zu begründen.

Mendelssohn war vor eine ehrenvolle, aber schwere Alternative gestellt worden: nicht nur liess es sich König Friedrich Wilhelm IV. von Preussen, dem er noch als Kronprinzen seine drei Concert-Ouverturen in der Anfangs 1835 erschienenen Partitur-Ausgabe gewidmet hatte, angelegen

sein, ihn als Director für eine in Berlin zu errichtende
Musik-Akademie zu gewinnen, sondern auch beim Könige
Friedrich August II. von Sachsen hatte sich immer mehr
der Entschluss befestigt, ihm durch Gewährung eines festen
Gehaltes ohne Beschränkung auf eine gewisse Zeit eine
sichere Stellung in Leipzig zu schaffen und nicht minder
die 20000 Thaler der Blümnerschen Stiftung für das zube-
gründende Conservatorium zur Verfügung zu stellen. Wie
ungemein schwer es Mendelssohn, von zwei Seiten auf eine
ihn so anerkennende Weise bedrängt, gefallen ist, Eins zu
thun und das Andere zu lassen, das kann man aus den
nach seinem Tode veröffentlichten Briefen zur Genüge er-
sehen. Er traf endlich einen vermittelnden Ausweg, er
nahm von Leipzig gewissermassen nur Urlaub und ging
nach Berlin so zu sagen nur auf Probe. So verstrich schon
die Gewandhausconcert-Saison 1841—42 unter der Einrichtung, dass Mendelssohn der eigentliche Leiter der Concerte
blieb, aber, wenn er von Leipzig am Hofe Friedrich Wilhelms IV. abwesend war, an seiner Stelle David dirigirte,
und dieselbe Einrichtung war für die Saison 1842—43
vorgesehen. Inzwischen ernannte der König von Preussen,
laut eigenhändigen Schreibens, datirt Charlottenburg 22. November 1842, Mendelssohn zum General-Musikdirector und
übertrug ihm die „Oberaufsicht und Leitung der kirchlichen
und geistlichen Musik". Dem ungeachtet durfte der Meister
noch so weit über seine Zeit für Leipzig disponiren, dass
er am 23. November schreiben konnte, „sie (er mit Familie)
seien nun wieder dort eingekehrt und für diesen Winter
bis spät ins Frühjahr jedenfalls (dort) fest etablirt". Man
lese diesen, an seinen Freund Klingemann in London ge-
richteten Brief, um zugleich Kenntniss davon zu nehmen,
dass er die Anerbietungen des Königs von Sachsen nun
definitiv hatte abschlagen müssen, dass er aber nichtsdesto-
weniger von ihm die 20000 Blümnerschen Thaler nun in
Wirklichkeit bewilligt erhalten hatte. Wenn, wie erwähnt,
MendelssohnsErnennung zumKgl.Preuss.General-Musikdirector
Seiten Friedrich Wilhelms IV. am 22. November erfolgte,
so traf am Tage vorher, am 21. November 1842, die officielle Bestätigung des von Friedrich August II. gegen Leip-

zig und Mendelssohn geübten Gnadenactes ein. Zwei bedeutungsvolle Tage im Leben des Meisters! Vier Wochen später war der König von Sachsen wieder einmal in Leipzig und beehrte das Gewandhausconcert, das letzte des Jahres 1842, am 21. Dezember mit seiner Gegenwart. Es wurde mit dem Doppelchor von Hofrath Rochlitz: „Haltet Frau Musica in Ehren" (geschaffen vor elf Jahren für das Festconcert zum 50jährigen Bestehen des Concertinstituts im Gewandhaussaal 1831) eröffnet und galt nun die diesmalige Vorführung dem Gedächtniss des einige Tage vorher verstorbenen, um die Kunst viel verdienten Mannes, der auch seit 1805 Directionsmitglied im Gewandhaus gewesen war. Ein sinniger Zufall wollte, dass die aus diesem Grunde gewählte Programm-Nummer unabsichtlich und stummberedt nun zugleich auf das sich in Leipzig Vorbereitende hinwies. Wo man der Kunst so Hütten baut, wie es soeben hier geschehen, da durfte man singen von „Frau Musica, die in Ehren gehalten".

An allen interessirten oder vielmehr wohl sich interessirenden Stellen ging man nun rasch ans Werk und am 16. Januar 1843 erschien zuerst ein Prospect der neuen Musikschule, welcher Unterricht in der Composition, in Violin-, Clavier-, Orgelspiel und Gesang, nebst wissenschaftlichen Vorträgen über Geschichte der Musik, Astthetik, Uebungen im Zusammenspiel und Chorgesang verhiess. Dieser Prospect, der allerdings zunächst nur in seinen fünf ersten Positionen ins Leben trat, dann aber noch durch Einbeziehung des Violoncellspiels und des Unterrichts in der italienischen Sprache vervollständigt wurde, hat in späterer Zeit eine wesentliche, tief einschneidende Umgestaltung, resp. Erweiterung erfahren, von welcher an betr. Stelle besonders die Rede sein wird.

Mitglied des Directoriums, das sich ad hoc aus angesehenen und kunstfreundlichen Bürgern Leipzigs, die schon in engster Fühlung zum Gewandhausconcert standen, gebildet hatte, waren von Anfang an: Kreisdirector von Falkenstein, Hofrath Keil, Musikalienhändler Friedrich Kistner (Cassirer), Advocat Conrad Schleinitz (Vorsitzender) und Stadtrath Seeburg. Als Lehrer wurden vorläufig genannt: Mendelssohn, Moritz Hauptmann, Robert Schumann, Ferdinand David, Christian August Pohlenz und Carl Ferdinand Becker — sowie zugleich diejenigen, welche als Zöglinge des Conservatoriums angenommen sein wollten, aufgefordert, sich bis zum 23. März zur Receptionsprüfung zu melden. Die Zahl der sich Meldenden betrug bis zu diesem Termin schon 46, im Juli waren es 68, von welchen 44 aufgenommen wurden, darunter 2 Holländer, 1 Engländer und 1 Amerikaner, diejenigen fremden Nationen, die auch in aller Folgezeit fortgefahren sind, ein starkes Schülercontingent darzubieten. Ihnen zunächst dürften die Russen und die Scandinavier in derselben Beziehung zu nennen sein — dies sei hier beiläufig erwähnt. Mit 22 Eleven begann die Anstalt ihr Wirken — der letzte 1843 Recipirte trug die Ziffer 63. Mehrere Gönner und Freunde unterstützten das junge Institut mit werthvollen Gaben. Se. Majestät der König gründete 6 Freistellen für Inländer und verstand sich dazu, das Prodectorat zu übernehmen. Regierungsrath Dr. Dörrien (Mitglied des Gewandhausconcert-Directoriums) überwies ein Geschenk von 500 Thalern, Breitkopf und Härtel schenkten aus ihrer berühmten Offizin einen schönen Flügel, Musikalienhändler Klemm bot sechs Zöglingen sein Leihinstitut zu unentgeldlicher Benutzung an u. s. w.

Am 2. April 1843 wurde das Leipziger Conservatorium durch Kreisdirector v. Falkenstein im Namen des Königs feierlich eröffnet. Mitte des Monats erschien auch der bis dahin festgestellte Lectionsplan: Mendelssohn hatte Uebungen im Sologesang, Instrumentenspiel und Composition, Schumann Clavierspiel und Durchsicht von Privatarbeiten in der Composition, David Violinspiel, Hauptmann Harmonielehre und Contrapunkt, Becker Orgelspiel und Vorlesungen über musikalische Gegenstände übernommen. Statt des am 10. März desselben Jahres unerwartet schnell gestorbenen Pohlenz waren Madame Henriette Grabau-Bünau und Ferdinand Böhme für den Unterricht in Solo- und Chorgesang eingetreten. Ausserdem sollten die zuerstgenannten Lehrer noch durch den Universitäts-Musikdirector Ernst Friedrich Eduard Richter (Harmonielehre und Contrapunkt), Moritz Klengel (Violinspiel), sowie Ernst Ferdinand Wenzel und Louis Plaidy (Pianoforte) unterstützt werden.

Das Haus, in welchem das neugegründete Conservatorium sein Wirken begann, war bescheiden genug. An

Altes Conservatorium auf dem Gewandhaushofe.

Stelle einiger alter Schuppen im Hofe des Gewandhauses hatte der Rath der Stadt Leipzig das schmale zweistöckige unfreundliche Gebäude, für dessen weitere Ausstattung das Directorium später noch gegen 5000 Thaler zu verausgaben hatte, errichten lassen und gegen einen Miethszins von 2 Procent von 4000 Thalern dem Institut in Brauch gegeben. Man sieht, übergross waren die Opfer, welche die Stadt dem neuen Unternehmen brachte, keineswegs.

Wir sprechen zunächst von den einzelnen Lehrern noch ausführlicher. Felix Mendelssohn-Bartholdy, dessen Herkunft, Familienverhältnisse, Bildungs- und Entwickelungsgang wir dabei freilich als allbekannt voraussetzen und deshalb übergehen dürfen, war nach Leipzig von Düsseldorf aus gekommen, wo er das Amt des städtischen Musikdirectors bekleidet hatte. Auch in ersterer Stadt war man bald auf den jugendlichen Meister aufmerksam geworden und wünschte ihn für das dortige Musikleben zu gewinnen. Einige Mitglieder der Universität hegten zuerst den Gedanken, eine Professur der Musik zu gründen, und hielten Mendelssohn, dessen hohe, sogar wissenschaftliche Bildung ihnen nicht entgangen war, für geeignet, diese Stellung einzunehmen. Es wurde daher bei ihm angefragt: er lehnte ab und sehr mit Recht, denn sein Beruf war es nicht, Vorlesungen zu halten. Indess liess sich der Wunsch, ihn zu besitzen, nun nicht wieder zurückdrängen, und so fand sich denn die Direction der Gewandhausconcerte veranlasst, ihm die Leitung derselben zu übertragen. Dies nahm Mendelssohn an. Die Schreiben an Advocat Schleinitz, als Mitglied der Concertdirection, welche sich auf die Leipziger Vocation beziehen, lese man aus den „Briefen aus den Jahren 1833 bis 1847" nach. Man wird darin mit wahrem Vergnügen die Noblesse und edle Gesinnung bemerken, welche ihn, ehe er den Ruf acceptirte, erst sorgsam fragen und forschen liess, ob er nicht Jemanden verdrängen und dessen Rechte kränken würde, wenn er käme. Dass den Bemühungen von Schleinitz es besonders zu danken, dass die ganze Angelegenheit zu gutem Ende geführt ward, blieb in Leipzig unvergessen.

Wie wichtig Mendelssohn die Errichtung eines Conservatoriums erschien, geht aus verschiedenen Stellen jener schon citirten Briefe hervor. Er sagt darin z. B. geradezu, dass, wenn es ihm gelungen sein würde, den Plan zu realisiren, alle entgegenstehenden Hindernisse zu beseitigen und das projectirte Institut wirklich ins Leben zu rufen und lebensfähig zu machen, er dann sich wohl gestehen dürfe, „dass er der Leipziger Musik einen Dienst geleistet hätte". Und an Klingemann in London schreibt er: „Die Musikschule soll nun noch diesen Winter, wenigstens in den Grundzügen, ins Dasein gerufen werden; steht sie da, so darf ich mir doch sagen, dass ich dem hiesigen Musikwesen einen bleibenden Nutzen verschafft habe. Fangen sie dann in Berlin etwas Tüchtiges an, so kann ich mit gutem Gewissen dorthin ziehen."

Die Art, in welcher Mendelssohn sich an dieser Conservatoriumsschöpfung betheiligte, ist ein erstes Mal wohl von Wilhelm Adolph Lampadius, dem späteren Diakonus an der Leipziger Nicolaikirche, in seiner 1848 erschienenen Schrift: „Felix Mendelssohn-Bartholdy. Ein Denkmal für seine Freunde" genau charakterisirt worden.

Mit dem ihm eigenen Feuer des Geistes ergriff er auch diese Sache und bewährte, was man wirklich kaum in dem genialen Mann gesucht hätte, auch ein überaus grosses Talent für musikalische Pädagogik. Wie belehrend seine Winke bei der Durchsicht von Compositionen, wie anregend die Stunden in höherem Pianofortespiel und Sologesang waren, können seine Schüler und Schülerinnen nicht dankbar genug rühmen. Der Privatprüfungen der einzelnen Classen, sowie der halbjährigen allgemeinen Hauptprüfungen nahm er sich mit dem grössten Eifer an. Auch in den unteren Classen musste ihm bei den Privatprüfungen oft jeder Einzelne den Beweis seiner Fertigkeit, z. B. im Moduliren, liefern: sein blitzendes Auge, sein feines Ohr war überall, und die Furchtsamen, die sich unter dem grossen Haufen verstecken wollten, zog er bisweilen selbst hervor; ja sogar wenn ihm das sittliche Benehmen eines oder des anderen Vorgeforderten missfiel, wusste er ihn höchst ernsthaft zurückzuweisen. In der ersten Zeit sass er einmal eine halbe Nacht, um bei der Censurvertheilung für jeden Einzelnen eine passende Bemerkung niederzuschreiben. Dieses Interesse an dem Institut in so specieller Weise durchzuführen, erlaubten ihm in der Folge allerdings die Verhältnisse nicht; aber dem Unterricht widmete er sich, so lange er in Leipzig weilte, stets mit voller Liebe; die öffentlichen Hauptprüfungen leitete er, wenn er es irgend möglich machen konnte, stets selbst und immer war er, wo es galt, mit Rath und That, mit Lob und Tadel, mit Ermunterung und Zurückweisung in die gebührenden Schranken, bei der Hand. Dabei lehnte er selbst mit edler Bescheidenheit es ab, als oberster Leiter des Ganzen zu gelten; er wollte nach seinem eigenen Ausdruck, nur einer von den sechs Lehrern sein.

Wir gehen auf Robert Schumann über. Er hatte bereits 1828 die Universität Leipzig bezogen, um die Rechte zu studiren, und war ein Jahr danach in gleicher Absicht nach Heidelberg gegangen, indessen während dieses letzteren Aufenthaltes brachte er es sich zum klaren Bewusstsein, dass er nicht für die Wissenschaft, sondern für die Kunst geboren sei. Der Gedanke an eine Berufsänderung schlug feste Wurzel in ihm und wurde mit Bewilligung der Familie auch sogleich ausgeführt. Zu dem Zwecke begab er sich Michaelis 1830 nach Leipzig zurück, entschlossen, jetzt ganz der Musik zu leben. Es ist nun allbekannt, dass Leipzig ihm nicht nur für seine Kunst, sondern auch für sein persönliches Schicksal höchst wichtig und entscheidend wurde. Fand er doch hier das Weib seiner Wahl, die geliebte, ihm wahlverwandte Gattin Clara Schumann, geb. Wieck. Das Verhältniss zu ihr hat ihn zu seinen genialsten Compositionen begeistert, deren Heimath und Wiege eben auch Leipzig geworden ist. Ausserdem rief er hier die epochemachende „Neue Zeitschrift für Musik" ins Leben, eine Frucht der sogenannten „Davidsbündlerschaft".

Man hat vielfach behaupten wollen, dass Mendelssohn und Schumann während ihres gleichzeitigen Leipziger Aufenthaltes in unliebsamer, besonders von Ersterem verschuldeter Rivalität neben einander gelebt hätten — das ist einfach eine Verdächtigung; hat der bekanntlich sehr reizbare und nervös gestimmte Schumann aber wirklich selbst sich einmal mit Gedanken über Mendelssohns vermeintliche Uncollegialität über ihn getragen, so soll das seiner zartbesaiteten, leichtverletzten Künstlernatur von uns nicht mehr streng und hoch angerechnet werden. Hat doch auch Schumann dem schaffenden Meister Mendelssohn, ohne Rücksicht auf das Persönliche, stets mit warmer Verehrung angehangen und dieser Verehrung in Briefen, wie in kunstkritischen Darstellungen stets beredten Ausdruck verliehen. Und wie Mendelssohn in Wahrheit von Schumann dachte, beweist wohl auch der Umstand, dass unter den für das neu zu errichtende Conservatorium in allererster Reihe acopinirten sechs Lehrern gleich auch der Genannte nicht fehlte. Leider nur siedelte derselbe bereits im Jahre 1844 von Leipzig nach Dresden über, sodass er jenem jungen Institute im Grunde nicht von wesentlichem, schon weil nicht von dauerndem Nutzen sein konnte. Mit ihm zog selbstverständlich die Gattin, welche neben ihrem Gemahl, der für Clavierspiel und Compositionsübungen engagirt war, von Mendelssohn ihrentheils nur für Clavierspiel gewonnen worden.

Von der Gründung an bis zu ihrem Tode gehörten dagegen Ferdinand David und Moritz Hauptmann dem Conservatorium als Lehrer an. David war von keinem Anderen, als von Mendelssohn selbst, bewogen worden, von Berlin, wo er damals im Orchester des Königstädter Theaters als Geiger sass, nach Leipzig überzusiedeln. Er trat im Gewandhausconcert — wo er sich übrigens früher schon, neben seiner Schwester Luise Dulcken, hatte hören lassen — nun zum ersten Mal am 10. December 1835 auf und nahm, da der verdiente Concertmeister Matthäi bald darauf starb — seit dem 1. März 1836 dessen Stellung ein, die er seitdem in so unübertrefflicher Weise bis an sein Ende ausfüllte. Vielleicht einzig dastehend war die Art und Weise, wie David im Orchester vorgeigte, wie er die Massen zu beleben verstand, dem Dirigenten und Componisten die leisesten Intentionen abzulauschen und den übrigen Mitwirkenden durch sein Spiel mitzutheilen wusste. Er war über dem in der ganzen musikalischen Welt als einer der bedeutendsten Solo- und Quartettspieler, sowie Componist und Lehrer seines Instrumentes anerkannt. Die aus seiner weit und breit renommirten Schule hervorgegangenen Geiger sind in allen Ländern verstreut, und der Beweis, die Thatsache, dass ein Künstler Schüler Davids gewesen, war bisher noch immer eine der gewichtigsten musikalischen Empfehlungen.

Nicht anders, was sein specielles Lehrfach betrifft, stand es mit Moritz Hauptmann. Dieser war Violinist in der kurfürstlichen Kapelle zu Cassel gewesen. So angenehm sich aber seine dortigen Verhältnisse durch die Verbindung mit der gleich ihm künstlerisch begabten und begeisterten Susette Hummel, sowie durch seine regen Beziehungen zu Spohr gestaltet haben mochten, so war doch jene Stellung in amtlichem Betracht keineswegs seinem Wissen und Können entsprechend. Einen seiner würdigen Platz erhielt er factisch erst 1842. Von einer Reise nach Paris, die er mit seiner jungen Frau im Sommer dieses Jahres unternommen, zurückgekehrt, fand er zu Hause die Vocation zum Nachfolger Christian Theodor Weinligs als Cantor und Musikdirektor der Leipziger Thomasschule vor. Er nahm den Ruf an und traf bereits im September an dem neuen Bestimmungsort ein. Die Musikgeschichte weiss, ein wie ebenbürtiger Nachfolger von Calvisius, Kühnau, Bach, Doles, Hiller, Schicht u. s. w. er in seinem Leipziger Wirkungskreis gewesen ist, und ebenso trefflich bewährte er sich als Lehrer der Theorie und des Contrapunktes am neuen Conservatorium, an welches ihn sofort zu fesseln Mendelssohn verstanden hatte.

Der letzte jener ursprünglich für das genannte Institut in Aussicht genommenen sechs Lehrer — wenn wir den, wie erwähnt, leider noch vor der Eröffnung aus dem Leben geschiedenen Pohlenz hier noch hinzurechnen — war Carl Ferdinand Becker in Leipzig selbst geboren und gebildet, s. Z. einer der bedeutendsten Orgelspieler Deutschlands — er bekleidete hier das Organistenamt an der Nicolaikirche — sowie höchst gediegener, musikalischer Schriftsteller in drei verschiedenen Branchen, der historischen, bibliographischen und kritischen. Zu dem ihm ursprünglich an der Anstalt übertragenen Orgel-Unterricht gesellten sich schon vom zweiten Semester ab Vorlesungen über Geschichte der Musik.

Dass für Pohlenz den Gesangsunterricht Frau Henriette Grabau-Bünau, eine treffliche Concertsängerin und langjähriger Liebling des Gewandhauspublicums, sowie Ferdinand Böhme übernahmen, sagten wir schon. Das Wirken der

Einen war auf Schülerinnen, dass des Anderen auf Schüler berechnet. Henriette Grabau war zum ersten Mal im Gewandhaus während der Saison 1825/26 erschienen. Eine geborene Bremenserin, war sie von ihrem Vater nebst zwei jüngeren Schwestern für die Kunst gebildet und darauf auch noch von Miksch in Dresden, dem bekannten Lehrer der Schröder-Devrient, unterrichtet worden. Dem Leipziger Musikleben blieb sie auch nach ihrer Verheirathung (mit einem Kaufmann Bünau — daher der obige Doppelname) treu. Böhme, ein Gesanglehrer, der sich bereits ähnlicher Erfolge, wie der verstorbene Pohlenz, am Orte zu erfreuen hatte, wandte sich bedauerlicher Weise 1850 von Leipzig weg. Er siedelte nach Köln, an die zu jener Zeit unter Ferdinand Hiller ins Leben gerufene Rheinische Musikschule über.

Ausser all den Genannten traten auch noch — wie wir gleichfalls schon sahen — Louis Plaidy und Ferdinand Wenzel für Pianofortespile, Moritz Klengel für Violine, und Ernst Friedrich Richter für Harmonielehre und Composition von Beginn an zum Lehrerpersonal. Ein dritter Lehrer für die Geige, neben David und Klengel, war zunächst das Orchestermitglied Rudolf Sachse, der indessen, erst 24 Jahre alt, bereits im April 1848 verstarb. Lehrer im Italienischen vom zweiten Semester ab war der Sprachlehrer Giovanni Battista Ghazzi (von der Handelsschule).

Dem Universitäts-Musikdirector, späteren Professor und Thomaskantor Richter sollte es ebenfalls vergönnt sein, der Anstalt sein ausserordentliches pädagogisches Geschick bis an seinen Tod zu schenken. Ein geborener Lausitzer, war er 1831 nach Leipzig gekommen, um Theologie zu studieren, und widmete sich später daselbst unter Leitung Weinligs, zugleich von Mendelssohn beeinflusst und gefördert, musikalischen Studien. Seine Compositionen, meist geistlichen Charakters, haben sich trotz ihrer Gediegenheit wenig verbreitet; den verdienten Erfolg hatten die theoretischen Leistungen, sein „Lehrbuch der Harmonie", „Lehrbuch des einfachen und doppelten Contrapunktes", „Lehrbuch der Fuge", Arbeiten von bleibender Bedeutung in ihrem Fache, die zugleich, in Parallele mit Moritz Hauptmanns grundlegenden, bahnbrechenden Werken: „Die Natur der Harmonik und Metrik" und die Lehre von der Harmonik", die bemerkenswerthe Verschiedenheit beider Autoren, kennzeichnen: im Gegensatz zu dem die genannte Lehre mehr unter wissenschaftlich-philosophischen Standpunkten behandelnden Hauptmann betonte — wie ein Fachmann treffend geäussert hat — Richter mehr die praktisch-technische Seite der theoretischen Unterweisung.

Der Violinspieler Moritz Gotthold Klengel war schon mit 18 Jahren, 1814, im Leipziger Gewandhaus-Orchester angestellt und spielte viele Jahre hindurch neben Matthäi, seinem Lehrer, am ersten Pulte. Seit dem 1. Mai 1850 war er Vorgeiger bei der zweiten Violine.

Dem obencitirten Fachmann (Carl Kipke in der mit Bernhard Vogel gemeinsam verfassten Broschure: „Das Königliche Conservatorium der Musik in Leipzig, Geschichtliches und Biographisches", erschienen 1888 als Wiederabdruck aus der „Leipziger Musik- und Kunstzeitung") wollen wir hier auch in Bezug auf Plaidy und Wenzel noch das Wort lassen. Er nennt Ersteren und den vorerwähnten Klengel „sehr brauchbare, sozusagen handwerksmässig tüchtige, wenn schon nicht zu weiter reichender Bedeutung gelangte Lehrkräfte" und spricht dann speciell von dem „ausgezeichneten, vom Geiger zum Clavierlehrer umgesattelten Plaidy als einem der Ersten (mit seinen „Technischen Studien"), die durch stilvoll und systematisch geordnete Fingerübungen eine wesentliche Zeit- und Arbeitersparniss bei der technischen Vorbildung der angehenden Virtuosen zu erreichen wusste." Ganz anders war Ferdinand Wenzel geartet. Schon in seinem Aeusseren — (der Genannte war stolz auf eine offenbare Aehnlichkeit seines Kopfes und Haares mit demjenigen Beethovens) — originell genug, trat er auch in seiner ganzen Lehrweise oft aus dem Rahmen des Gewohnten heraus und wandelte seine eigenen Wege. Leicht erregbar, oft jähzornig auffahrend, dabei doch eine entschieden gutmüthige Natur, geistreich und witzig, stets zu Sarkasmen aufgelegt, immer aber geistig frisch und mit Leib und Seele seinem Beruf ergeben, wirkte er bei den ersten Begegnungen befremdend, wohl gar abstossend auf die Schüler, um diese — sobald sie sein polterndes Wesen nur erst recht verstehen gelernt hatten — dann um so dauernder an sich zu fesseln. Seine besonderen Vorzüge als Lehrer bestanden darin, dass er den Schüler nicht mechanisch abzurichten, sondern zu einem selbstständigen, selbstdenkenden Künstler zu erziehen trachtete. Zahlreiche hervorragende Clavierspieler dankten ihm ihre Ausbildung und haben ihm stets ein dankbares Andenken bewahrt. Wenzel (geb. 1808, sowie Plaidy 1810, Beide als sächsische Landeskinder) kam 1827 nach Leipzig, um Philologie zu studieren und sich unter Friedrich Wieck im Clavierspiel auszubilden. Er war da ein Mitschüler Robert Schumanns.

Am Anfang des zweiten Semesters, Michaelis 1843, erliess das Directorium zum ersten Mal jenes seitdem immer wieder mit dem gleichen Wortlaut in den meisten Hauptstücken neuaufgelegte Programm, das mit folgender Vorbemerkung beginnt: „Ein Institut, wie das gegenwärtige, dessen Zweck ist, dem Schüler Gelegenheit zu geben, sich mit allen den Fächern, deren Kenntniss dem gebildeten Musiker nöthig und unerlässlich ist, gründlich bekannt zu machen, und sich in denselben theoretisch und praktisch auszubilden, hat vor dem Privatunterricht des Einzelnen den Vorzug, dass es durch die Theilnahme Mehrerer an denselben Unterrichtsgegenständen und an denselben Studien einen wahren musikalischen Sinn, unter den Schülern erweckt und frisch erhält, dass es zum Fleisse und zur Nacheiferung auffordert und antribt, und dass es vor Einseitigkeit der Bildung und Geschmacksrichtung bewahrt, vor welcher sich jeder Künstler schon während seiner Studienjahre sorgfältig zu hüten hat. Es hat ferner den Vorzug, dass in demselben, gegen Erlegung eines äusserst billigen Honorars, alle die Mittel geboten werden, die der Einzelne nur sehr schwer und mit bedeutenden Kosten erreichen kann, die Mittel, welche nöthig sind, dem Musikschüler sowohl die theoretischen Kenntnisse, als auch die praktische Gewandtheit zu verschaffen, deren er bedarf, um einst den grossen Anforderungen, die in unsrer Zeit, wie an jeden Künstler, auch anden Tonkünstler gemacht werden, auf eine würdige Weise zu entsprechen".

Der Historiker des Conservatoriums darf sich, wie ihm scheint, nicht der Hervorhebung des Wesentlichsten aus dem auf die citirte Vorbemerkung nun im Druck folgenden Programms entschlagen; indem es fortgesetzt inne gehalten wird und zur Ausführung gelangte, machte es ja ganz besonders mit, die Geschichte des Instituts.

„Der theoretische Unterricht besteht in einem vollständigen Cursus der Theorie der Musik und der Tonsetzkunst, welcher in 3 Jahren vollendet sein wird. Mit jedem Jahre beginnt zu Ostern und Michaelis ein neuer Cursus, sodass alljährlich regelmässig zweimal neue Schüler und Schülerinnen eintreten können. Solche Schüler, welche schon hinlängliche theoretische Kenntnisse Vorkenntnisse besitzen und sonst dazu befähigt sind, können jedoch, wenn sie bei ihrer Aufnahme gleich in die oberen Classen eingewiesen werden, das Studium der Theorie in kürzerer Zeit, als 3 Jahren beenden. — Der theoretische Unterricht begreift folgende Gegenstände: a. Harmonielehre. Im 1. Jahre Harmonielehre und Stimmführung; im 2. Fortsetzung der Harmonielehre und Contrapunkt; im 3. Fortsetzung der Harmonielehre, doppelter Contrapunkt, Fuge. b. Formen- und Compositionslehre in Vorträgen und Uebungen, welche folgende Gegenstände behandeln: Gesang und Instrumensal-Compositionen in ihren verschiedenen Formen und deren Behandlung; Analyse klassischer Musikwerke. c. Partiturspiel. d. Italienische Sprache für diejenigen, welche sich vorzugsweise dem höheren (Solo-) Gesange widmen. — Zu dem theoretischen Unterricht gehören ferner: jährlich wechselnde Vorlesungen über musikalische Gegenstände, z. B. Geschichte der Musik, Aesthetik der Musik etc. — Für die Schülerinnen bestehen besonders für ihre Bedürfnisse eingerichtete Classen der Harmonielehre und Composition, die ihren Cursus im Laufe zweier Jahre vollenden können.

Der praktische Unterricht bezweckt die Ausbildung der mechanischen Fertigkeit auf einem oder mehreren Instrumenten und im Gesange; er wird ebenfalls in verschiedenen Classen ertheilt und befasst sich mit folgenden Gegenständen: a. Unterricht im Gesange (Solo- und Chorgesang). b. Unterricht im Instrumentenspiel: 1. Pianoforte, 2. Orgel, 3. Violine und Viola (Solo-, Quartett- und Orchesterspiel), 4. Declamation (für Sängerinnen und Sänger), 5. Violoncello (hierzu noch Uebung im Quartett- und Orchesterspiel), 6. Solospiel mit Begleitung und Ensemblespiel, 7. Uebungen im öffentlichen Vortrage. Auch in allen übrigen Orchesterinstrumenten (Contrabass und allen Blasinstrumenten) wird unter Aufsicht des Direktoriums von geschickten Musikern des hiesigen Orchesters, gegen ein besonders zu erlegendes billiges Honorar, auf Verlangen gründlicher Unterricht ertheilt.

Ausserhalb der Anstalt bieten sich den Schülern noch folgende Bildungsmittel dar: a. Die auch im Auslande berühmten Abonnements- oder sogenannten Gewandhaus-Concerte und deren Proben; b. die Quartett-Aufführungen welche ebenfalls im Gewandhaus stattfinden; c. die von dem bekannten Thomanerchor wöchentlich Sonnabends (Nachmittags 2 Uhr, die sogenannten „Motetten") und Sonntags (Vormittags bei dem Haupt-Gottesdienst) aufzuführenden kirchlichen Musiken; d. Die Vorstellungen der städtischen Oper. Nächst diesen musikalischen Bildungsmitteln geben die hiesige Universität und sonstige Bildungsanstalten den Schülern Gelegenheit zu weiterer wissenschaftlicher Ausbildung jeder Art.

Um sich im Orchesterspiel zu üben und zu vervollkommnen, werden die dazu befähigsten Schüler auch bei Aufführungen von Ouverturen, Symphonien u. s. w. in den Gewandhausconcerten und bei grösseren Kirchenmusiken mitzuwirken veranlasst. Denen, die sich im Sologesang oder Solospiel auszeichnen, wird Gelegenheit regelmässig in der Anstalt selbst gegeben, sich unter Aufsicht der betreffenden Lehrer zu öffentlichen Vorträgen heranzubilden.

Jeder Schüler hat, abgesehen davon, welchem Instrumente er sich vorzugsweise widmen will, jedenfalls an dem Unterricht im Generalbass, Clavierspiel und Gesang regelmässig Theil zu nehmen. Hiervon kann nur das Direktorium in besonders geeigneten Fällen dispensiren. Unterricht im Sologesang erhalten nur die, welche sich zu Solo-Sängern und Sängerinnen ausbilden wollen und, nach dem Urtheil der Lehrer und des Institutsarztes, dazu befähigt sind.

Am Ende eines jeden Halbjahres finden in Gegenwart des Directoriums und der sämmtlichen Lehrer privatim und ausserdem auch öffentlich allgemeine Prüfungen statt. Zu den öffentlichen Prüfungen, in welchen auch Compositionen der fähigsten Schüler zur Aufführung kommen, werden von dem Directorium Freunde und Kenner der Musik eingeladen, um auch das grössere Publicum mit den Leistungen des Instituts bekannt zu machen.

Das Honorar für den gesammten Unterricht beträgt jährlich 80 Thaler, welches vierteljährlich pränumerando mit 20 Thalern zu entrichten ist. Ausserdem hat jeder Schüler bei der Aufnahme 3 Thaler Receptionsgeld ein für allemal und 1 Thaler jährlich für den Institutsdiener zu bezahlen.

Ueber die Aenderungen innerhalb dieses Programms, sowie über solche mehr äusserlicher Natur, die durch die umgestalteten Zeitverhältnisse bedingt wurden — wir meinen hierunter z. B. die Einführung der Reichswährung, und auch die Entwerthung des Geldes, verbunden mit der allgemeinen Vertheuerung — das Betreffende zu seiner Zeit.

Am Schlusse des ersten Studienjahres fand die erste öffentliche Hauptprüfung des Conservatoriums im Saale des Gewandhauses — wo bis zur Uebersiedelung ins neue Haus auch alle Hauptprüfungen der folgenden Jahre abgehalten wurden — statt. Es war als Tag der 29. März gewählt, und nennt das Concertprogramm in den Namen der Mitwirkenden zugleich die Namen derer, mit welchen, als den ersten inscribirten Schülern und Schülerinnen vor einem Jahr die Anstalt eröffnet wurde. Schon darum wird die Mittheilung des Programms hier dem Interesse der Leser begegnen:

Erster Theil: Ouverture, componirt von Adolf Emil Büchner* aus Leipzig. (Dabei standen die Worte: „Schüler des Conservatoriums, 17 Jahre alt"). — Adagio für die Violine, vorgetragen von W. v. Wasielewski* aus Danzig. — Arie aus dem „Freischütz" von K. M. v. Weber, gesungen von Fräulein Charlotte Anton* aus Magdeburg. — Andante mit Variationen aus dem Septett von Hummel, das Pianoforte gespielt von Fräulein Constanze Jacobi aus Altenburg. — Arie aus „Hans Heiling" von H. Marschner, gesungen von Fräulein Louise Hennigsen aus Erfurt. — Variationen für die Violine von F. David, vorgetragen von Rudolph Salomon* aus Leipzig. — Ave Maria für Solo und Chor von E. F. Richter, gesungen von den Fräulein Minka Cohn aus Oldenburg, Rosalie Schulze aus Zwickau, Marie Sachs* aus Halberstadt, Franziska Schwarzbach* aus Löbau, Sidonie Haubold* aus Leipzig, Charlotte Anton, Fanny Költz aus Leipzig, Constanze Jacobi, Luise Hennigsen, Therese Block aus Hildesheim, Pauline Solberg aus Bergen, Magdalene Hoffmann-Kneisel* aus Bamberg und Rosalie Kühne aus Delitzsch. — Concertstück für Pianoforte von K. M. v. Weber, vorgetragen von Friedrich Preuss aus Gotha.

Zweiter Theil: Erster Satz aus dem 3. Concert für die Violine von de Bériot, vorgetragen von Friedrich Birnschein aus Ballenstedt. — Psalm von Franz Schubert, gesungen von den Gesangsschülerinnen des Conservatoriums. — Drei Etuden für Pianoforte, componirt und vorgetragen die 1. von August Ergmann aus Rogau, die 2. von Karl Kuhlau aus Leipzig, die 3. von Friedrich Preuss. — Phantasie für die Violine, vorgetragen von Hugo Zahn* aus Halle, Arie von Pacini, gesungen von Fräulein Franziska Schwarzbach. — Finale aus dem Quartett von L. v. Beethoven, op. 59 Cdur, Violine 1 und 2 und Viola in 4facher Besetzung ausgeführt a. von Martin Bezeth aus Rotterdam, Rud. Salomon, Hugo Zahn, Friedr. Birnschein; b. von François Dupont* aus Rotterdam, Heinrich Hauser aus Wien, Valentin Hermann aus Frankfurt a. M., Georg Zorn aus Zweibrücken;

c. von W. v. Wasielewski, Hermann Oehmigen* aus Mügeln, Hugo Hünerfürst aus Reichenbach und Gottfried Schumann* aus Welzig.

Eine „öffentliche Prüfung mehrerer Schüler im Orgelspiel" wurde dann am 2. April (also am Jahrestag der Eröffnung) in der Nicolaikirche abgehalten. Fuge von Joh. Seb. Bach, gespielt von Robert Pfretzschner* aus Plauen. — Drei Adagio's und drei Trio's von C. F. Becker, gespielt die ersteren von F. Preuss, Hermann Steglich* aus Leipzig, August Horn* aus Freiberg, die letzteren von E. Büchner, K. Kuhlau und Heinrich Diercks aus Drochtersen. — Zwei Fugen von Eberlin, gespielt die 1. von Adolf Albrecht* aus Leutersdorf, die 2. von Gustav Klauer aus Auleben. — Fuge von W. Bach gespielt von Gottfr. Schumann.

Die mit * Bezeichneten waren eben aus der Zahl der zum Eröffnungstage Aufgenommenen. — Die oben angegebenen ausgeschriebenen Vornamen waren in mehreren Fällen nicht die Rufnamen der Betreffenden, z. B. Rudolph statt Heinrich Salomon (s. weiter unten).

Wir müssen indess noch einmal in das Jahr 1843 zurückgreifen. Als es im Monat November mit Mendelssohns Uebersiedelung nach Berlin, wo ihm nun ein bestimmter ausgebreiteter Wirkungskreis beschieden sein sollte, Ernst geworden war, liess die Direction der Leipziger Gewandhausconcerte an Ferdinand Hiller, der damals sich in Frankfurt a. M. aufhielt, den Ruf zur Kapellmeisterstelle ergehen. Derselbe nahm an und trat nun auch dem Conservatorium als Lehrer bei (wie Mendelssohn, für Uebungen in der Composition, im Instrumentenspiel und Sologesang, sowie Analyse classischer Tonwerke). Jedoch Hiller gefiel sich in Leipzig nicht länger, als sein erstes Engagement (für die Saison 1843—44) dauerte, und ging sodann nach Dresden, wo er über vier Jahre blieb. Capellmeister in der nächsten Saison (1844—45) war der dänische Componist Niels W. Gade. Der Beifall, den im März 1843 seine vom Kopenhagener Musikverein preisgekrönte Ouverture: „Nachklänge von Ossian" im Gewandhausconcert gefunden, und das überaus günstige Urtheil, welches Mendelssohn über eine von Gade eingesendete Symphonie in C-moll fällte, waren wohl die nächste Veranlassung, dass der damals erst 26jährige sich im Herbst jenes Jahres nach Leipzig wandte, wo er den darauf folgenden Winter zubrachte. Im Frühjahr 1844 begab er sich nach Italien, kehrte aber zur nächsten Saison wieder in Leipzig ein und übernahm nun die von Hiller schon niedergelegte Direction der Gewandhausconcerte. Im Sommer 1845 langte Mendelssohn von Neuem in letzterer Stadt an; er hatte sich zu grösster Freude seiner Verehrer entschlossen, abermals dort zu leben, und führte nun die Leitung der Gewandhausconcerte in den folgenden zwei Wintern gemeinschaftlich mit Gade. In der Saison 1847/48 endlich, deren Beginn durch Mendelssohns Tod so traurig bezeichnet war, dirigirte Gade die Concerte allein weiter, verliess jedoch im nächsten Frühling, mitbestimmt durch die damaligen politischen Verhältnisse, Leipzig auf eine Reihe von Jahren. Auch er aber war (von 1845 bis 1847) Lehrer am Conservatorium gewesen, in denselben Fächern, wie Hiller und Mendelssohn; eine besonders nachhaltige Wirkung der Lehrthätigkeit beider Vorgenannten findet sich freilich nirgends nachgewiesen.

Zu einem Lehrer, der für das Institut von besonderer Wichtigkeit geworden ist, wenden wir uns nunmehr. Schon immer hatte es zu den Lieblingswünschen Mendelssohns gehört, mit Ignaz Moscheles zusammen zu leben und zu wirken, wenn dieser sich einmal aus seiner Londoner Stellung zurückziehen sollte. So drückte ihm Jener denn auch in seinen Briefen von Leipzig wiederholt den Wunsch aus, die Moscheles'sche Schule in das dortige Conservatorium verpflanzt zu sehen. Durch Mendelssohns Vermittelung verständigten sich die Directoren der Anstalt mit dem als Virtuos und Lehrer gleich berühmten Meister.

Gewiss wollte es viel sagen, dass Moscheles (1794 geboren, also damals noch nicht älter als 50 Jahre) seine glänzende Position in der englischen Hauptstadt aufgab. Er war da seit 1824 schon viel beschäftigt als Privatlehrer in den Häusern der Reichen und Vornehmen; an der Königl. Akademie der Musik wirkte er als Professor; als Mitdirector der hochangesehenen philharmonischen Concerte nahm er sich der Pflege und Verbreitung guter Musik aufs Eifrigste an, in eigenen Concerten befleissigte er sich so viel, als möglich, der Hebung musikalischen Geschmacks durch Vor-

träge classischer Werke, kurz seine ganze Thätigkeit war
eine ebenso erspriessliche, als für ihn selbst ehrenvolle und
einträglich. Es ist selbstverständlich, dass er von London
aus auch mannigfache Kunstausflüge nach den übrigen
Städten Grossbritanniens machte und sich dort ebenfalls
Ruhm und Lohn holte. Jedoch Mendelssohns Stimme war stark und beredt
genug; ihn endlich nach Leipzig zu ziehen, und so siedelte
er denn 1846 dorthin über wo er die Oberleitung des
Clavierspiels am Conservatorium, übernahm und bis an seinen
Tod inne hatte, zum höchsten Gedeihen des Institus, welchem
der Glanz seines Namens, ebenso wie z. B. der des Namens
Mendelssohn selbst, oder Davids, eine beträchtliche Schülerzahl aus aller Herren Länder fortdauernd zuführte. Welche
Acquisition war das doch: neben einem David als Oberleiter
des Violinspiels nun auch noch Moscheles als Oberleiter
des Violinspiels!

Wir haben weiter Julius Rietz zu nennen, dessen
Bruder, Mitglied der Königl. Capelle zu Berlin, der intime
Freund Mendelssohns war. So wurde dieser auch mit ihm
genau bekannt und verschaffte ihm die Capellmeisterstelle
an dem unter Immermann in den dreissiger Jahren neuer-
öffneten Düsseldorfer Theater. Immermann in seiner vor-
wiegenden Richtung auf das Drama betrachtete aber die
Oper mehr als Nebensache; das konnte Rietz natürlich nicht
gefallen, und er nahm nach zwei Jahren seinen Abschied,
blieb jedoch in Düsseldorf und wurde, als Mendelssohn nach
Leipzig ging, dessen Nachfolger als städtischen Musikdirector.
In diesem ihm viel zu thun gebenden Amte verharrte er
voll Liebe zwölf Jahre hindurch. 1847 berief ihn Dr.
Schmidt als Capellmeister an das Leipziger Stadttheater.
Rietz folgte dem Rufe und übernahm zugleich, nach Mendels-
sohns Tode, 1848 die Direction der Gewandhausconcerte.
So ward er zum zweiten Mal Mendelssohns Nachfolger.
Vier Aemter bekleidete er späterhin in Leipzig: ausser, wie
erwähnt, Capellmeister am Theater und im Abonnement-
concert, war er auch, in den Platz Mendelssohns, resp. Gade's
einrückend, Lehrer am Conservatorium und — viertens —
Leiter der Singakademie. Von seinem bekannten „clas-

sischen" Standpunkte aus entfaltete er auch als Lehrer seiner Kunst in umfänglicher und energischer Weise nun eine vielfach nutzbringende sechsjährige Thätigkeit.

Bereits seit 1845 gehörte auch Carl Franz Brendel, Verfasser einer aus Vorträgen vor einem gemischten Publicum in Leipzig entstandenen, mehrfach als trefflich anzuerkennenden Geschichte der Musik, sowie langjähriger Redacteur der von Robert Schumann begründeten „Neuen Zeitschrift für Musik", dem Conservatorium als Lehrer an, und zwar für die Fächer der Historie und Aesthetik der Musik. Wie genannte Zeitung unter ihm das erklärte und entschiedene Organ der s. g. „Zukunftsmusiker" wurde, so bot er auch selbst, als der Herold der Neu-Romantiker, im Lehrercollegium des Conservatoriums als in einem Schoosse der Classiker und Alt-Romantiker eine ziemlich wunderlich sich ausnehmende vereinzelt dastehende Erscheinung. Ja, man muss sogar sagen, dass er durch die Aufnahme von Wagners damals (1850) unter dem Pseudonym K. Freigedank geschriebener und ungeheures Aufsehen erregender Abhandlung: „Das Judenthum in der Musik" in sein Blatt den Erisapfel offen auch in den bis dahin friedlichen Schoos des Instituts hineinwarf.

Für italienische Sprache traten an Ghezzi's Stelle rasch hintereinander Wilhelm Neumann, Friedrich Albert und François Vitale.

Leider nur vorübergehend ertheilte Unterricht im Violinspiel Josef Joachim, der grosse Geiger, trotz seines damals noch so jugendlichen Alters. Ein erst Neunzehnjähriger, verliess er Leipzig 1850. Sein Nachfolger als 2. Concertmeister im Gewandhause, wie als Lehrer am Conservatorium für die Geige, neben David, wurde Raymund Dreyschock, selbst bekanntlich auch ein meisterlicher Spieler des genannten Instrumentes, in der Pixisschen Schule zu Prag gediegen gebildet und ebenso gediegen nun auch seine Zöglinge unterweisend. Endlich als Nachfolgerin der Frau Bünau-Grabau figurirte von 1849 an die ehedem selbst als tüchtige Sängerin geschätzte Frau Fanny Schäfer-Hofer auf dem Gebiete des Sologesangsunterrichts.

Das erste Jubiläum hatte das Institut am Tage seines

zehnzährigen Bestehens, am 2. April 1853, zu feiern. In dem Programm zu dem für diesen Zweck arrangirten Concerte konnte der Vorstand sich voller Genugthuung und Freude aussprechen: „Seitdem (d. h. seit ihrer Errichtung) hat die Anstalt in anerkannt erfolgreicher Wirksamkeit bestanden und sich stets der wohlwollendsten Unterstützung Sr. Majestät zu erfreuen gehabt, wie ihm denn auch vielfache erfreuliche Beweise reger Theilnahme von Kunstfreunden, z. B. durch Vermächtnisse und werthvolle Geschenke, gegeben worden sind." „Bis jetzt", fährt jenes Programm dann fort, „sind 434 Schüler und Schülerinnen (311 Deutsche und 117 Ausländer) — diese Addirung stimmt aber nicht ganz — in das Conservatorium aufgenommen worden. Die am heutigen Tage, an welchem die ersten zehn Jahre seines Bestehens erfüllt sind, veranstaltete einfache Feier soll dazu dienen, sich der Gründer des Instituts dankbar zu erinnern, und zu fortdauernder Thätigkeit und Theilnahme anzuregen". Der eigentliche Inhalt dieses ersten Jubiläumsconcertes bestand aus folgenden Nummern:

„Stücke aus dem unvollendeten Oratorium: „Christus" von Felix Mendelssohn-Bartholdy. Die Soli gesungen von Fräulein Minna Bleyel aus Leipzig (Mitglied des Stadttheaters ebenda, Schülerin d. C. 1849), Herrn Ernst John (Musikdirektor in Halle, Sch. d. C. 1849) und Herrn R. Gebhardt aus Leipzig. — Symphonie (1. Satz), componirt von Julius Otto Grimm aus Petersburg (Sch. d. C. 1851), unter Leitung des Componisten. — Arie aus dem Oratorium: „Der Tod Jesu" von Graun, gesungen von Frau Dr. Reclam aus Leipzig (geb. Sachs, Sch. d. C. 1843). — Concert für die Violine, in Form einer Gesangsscene, componirt von L. Spohr, vorgetragen von Herrn Heinrich Riccius (Königl. Kammermusikus in Dresden, Sch. d. C. 1845). — „Schlummerlied" von F. Schubert und „Frühlingslied" von Mendelssohn, gesungen von Fräulein M. Bleyel. — Concert für Pianoforte Es-dur, componirt von Beethoven, vorgetragen von Herrn Otto Goldschmidt aus Hamburg (Sch. d. C. 1847). — Lieder von R. Schumann und Mendelssohn, gesungen v. Fräulein Constanze Jacobi aus Dresden (Sch. d. C. 1843). — Phantasie für die Violine über ungarische Nationallieder von W. Ernst, vorgetragen von Herrn Hugo Zahn Concertmeister in Bremen, Sch. d. C. 1843). — „Mondnacht" und „Die Amazone", für Pianoforte-Solo, componirt und vorgetragen von Herrn Robert Radecke (Musikdirector am Stadttheater zu Leipzig, Sch. d. C. 1848). — Ouverture, componirt von Herrn Emil Büchner (Sch. d. C. 1843), unter Leitung des Componisten

— letztere dieselbe Ouverture, mit welcher damals, Ostern 1844, die erste öffentliche Hauptprüfung des Conservatoriums eröffnet worden war. Wie wir erwähnten, war damals das Alter des jugendlichen Tonsetzers im Programm angegeben: „17 Jahre alt".

Das Jubiläumsconcert ging höchst erfolgreich von Statten. Der Ertrag war zu Begründung einer neuen Freistelle bestimmt.

Zweites Capitel.
Bis zum Vierteljahrhundert.

Wir haben uns im vorigen Capitel die Persönlichkeiten der Lehrer, noch nicht aber die des Directoriums ein wenig näher angesehen. Das soll zunächst hier nachgeholt werdne.

Vom Beginn an bestand das Directorium aus fünf Männern, der ersten Gesellschaft Leipzigs angehörig, mit dem Gewandhaus eng liirt und speciell auch mit Mendelssohn bereits seit dessen Leipziger Anfängen durch gegenseitige Hochschätzung, ja in einigen Fällen wird man von wahrer Freundschaft und Collegialität sprechen können, verbunden.

Der einflussreichste Förderer des Schleinitz-Mendelssohnschen Gedankens von Amtswegen, oder Dank seinem Amte, der auch selbst ins Directorium mit eintrat, um der Kindheit des Instituts noch ferner — so lange er in Leipzig war — treu zur Seite zu bleiben, ist, wie erwähnt, Freiherr Johann Paul von Falkenstein gewesen. Im nahen Pegau geboren, hatte er sich 1823 als akademischer Lehrer habilitret, war dann Oberhofgerichtsrath, Hof- und Justizrath, und 1827 Ministerialrath in Dresden geworden. 1834 kehrte er als Kreisdirector und Regierungs-Bevollmächtigter nach Leipzig zurück, wo er bis 1844 das gedeihlichste Wirken nach allen Richtungen des verantwortungsvollen Amtes hin entfaltete. Hierauf begann seine in der Geschichte Sachsens unvergessliche Ministerperiode. Er war hintereinander Minister des Innern, Cultusminister und Vorsitzender des Landes-Consistoriums, sowie des Gesammtministeriums, und zuletzt noch Minister des Königl. Hauses. 1882 starb der ausgezeichnete Mann. Er hatte sich in Leipzig mit einer Leipzigerin vermählt, mit der Tochter des Kammerrathes Carl Friedrich Gerhard Gruner, Rathsherrn, Landtagsdeputirten, Mitgliedes der Gewandhausdirection u. s. w., und diese Dame für ihre Person war mütterlicherseits die Nichte des Oberhofgerichtsrathes Blümner, aus dessen hinterlassenem Vermögen eben das Legat herrührte, mittelst dessen das Conservatorium begründet wurde. Kreisdirector v. Falkenstein durfte sich also gewiss voller Genugthuung sagen, dass er ganz im Sinne des kunstsinnigen Oheims seiner Gattin gehandelt habe, als er die Verwendung jenes Vermächtnisses für besagten Zweck beim Könige auswirkte.

Der erste Vorsitzende des ersten Directoriums der Leipziger Musikschule war Hofrath und Domherr Johann Georg Keil. Ein geborener Thüringer, war derselbe Bibliotheksbeamter in Weimar gewesen. Auch er durfte eine reiche Leipziger Patriciertochter freien, Juliane Henriette Löhr, deren Familienname in dem Strassennamen Löhrs Platz (an der Promenade, beim Alten Theater) fortlebt; hier stand das grosse herrschaftliche Grundstück ihres Vaters, mit dem bis nach Pfaffendorf hin reichenden Park, durch welchen jetzt eine Strasse gelegt ist. Nach der Verheirathung 1814 siedelte das junge Ehepaar nach Leipzig über, Keil mit Titel und Rang eines Sachsen-Weimarischen Hofrathes. Er kam 1828 als Capitular ins Collegialstift Wurzen, welches ihn nach einigen Jahren zum Domherrn wählte. Die wissenschaftliche Domäne dieses Schöngeistes und Gelehrten war Sprache und Literatur der romanischen Völker. Das Ehepaar machte in Leipzig ein gar stattliches Haus, worüber Freiherr v. Biedermann in seinem Buche: „Göthe und Leipzig" sich äussert: „Ihr Haus war eine Sammelstätte der Grössen und Freunde der Literatur und Kunst, wobei den tiefkundigen Gesprächen der liebenswürdigen Wirthe eine schöne Unterlage und Unterstützung durch bedeutende Sammlungen gewährt wurde, namentlich durch die von Bause angelegte, aus Kupferstichen u. s. w. bestehende und durch die von der Hofräthin Keil unterhaltene Sammlung von Handschriften, grösstentheils seltenen Werthes." Ueber die Beziehungen beider Gatten zu Göthe berichtet derselbe belesene Autor: „Bause (der Kupferstecher) war ein Bekannter Göthe's aus alter Zeit, auch seine Tochter war ihm früher nahe getreten, und da die Enkelin ebenfalls so viel Gehalt besass, dass sie den Dichter anzog, so fand Letzterer in dieser Familie einen ihm sehr werthen Kreis. In das Stammbuch der Henriette Löhr schrieb er 1814, als die Neuvermählten sich von ihm verabschiedeten: „Ich weiss, dass mir nichts angehört, — Als nur der Gedanke, der ungestört — Aus meiner Seele will fliessen, — Und jeder günstige Augenblick, — den mich ein liebendes Geschick, — Von Grund aus lässt geniessen." Von dem Sohne des Ehepaares Keil haben wir weiter unten noch zu sprechen; die beiden Töchter heiratheten zwei Kgl. sächs. Offiziere, die späteren Majore von Boxberg, und der Sohn des älteren Bruders und der älteren Schwester ist der gegenwärtige Weimarische Cultusminister, Geh. Staatsrath von Boxberg.

Ein dritter Mitgründer des Conservatoriums war der geborene Leipziger Carl Friedrich Kistner. Früher Inhaber eines Seidengeschäftes, übernahm er später die Probstsche Musikalienhandlung, die seit 1836 unter der Firma „Fr. Kistner" ihren Ruf als eines der geachtetsten Verlagsgeschäfte Deutschlands behauptet hat. Kistner war eine künstlerisch angelegte Natur, spielte fertig Violine und förderte die musikalischen Interessen mit Begeisterung. Grosse Theilnahme rief im December 1844 sein plötzlicher Tod hervor, der, in Folge eines Schlagflusses während einer Vorstellung im Theater, am nächsten Tage eintrat. Er war damals erst 47 Jahre alt. Das Geschäft führte für Rechnung der Erben sein unverheiratheter Bruder fort, Julius Kistner. Weiter ist Dr. jur. Moritz Seeburg zu nennen, seit 1831 besoldeter Stadtrath in Leipzig. Als solcher wurde er mit einer sehr grossen Menge verschiedener Aemter betraut, die ihm einen vielumfassenden, einflussreichen Wirkungskreis zuwiesen. Er war z. B. der Schöpfer des „Johannisthals", dessen

Gartenanlagen er aus einer bis dahin wüst gelegenen Sandgrube erstehen liess. Als Gattin hatte er die ältere der beiden Töchter des kunstsinnigen und reichen Hauses Salomon (nach welchem sich die Salomonstrasse benennt) heimgeführt.

Jedoch keiner von diesen verdienten Männern wurde in so hohem Masse um die Mendelssohnsche Schöpfung verdient, als derjenige, der sie eigentlich zuerst angeregt hatte: Heinrich Conrad Schleinitz! Auch er war Mitbegründer und seit 1849 bis an seinem Tod Vorsitzender des Directoriums. Ohne sonstiges Amt und Ambition blieb er immer nur der schlichte Dr. jur. und Advocat, der später auch seine Anwalts-Praxis aufgab, um sich ganz seiner Passion für die zwei grossen Leipziger Musikinstitute, das Gewandhaus und das Conservatorium, zu widmen. „Ihm, zu welchem Mendelssohn bald in das trauteste Freundschaftsverhältniss trat, war es hauptsächlich zu verdanken, dass derselbe sich fort und fort an Leipzig gefesselt hielt und nirgends sowohl sich befand, als in dem Wirkungskreis, der ihm in dieser Stadt bereitet worden war."

Conrad Schleinitz ist — so darf man hinsichtlich des Conservatoriums zweifellos sagen — die eigentliche Seele des Ganzen von jeher gewesen und stets geblieben. So lange er lebte, leitete er Alles, sorgte für Alles, dachte an Alles. Uneigennützig, aus Hingebung für die Sache, opferte er seine ganze Zeit der Anstalt und hat ihr auch bedeutende pekuniäre Zuschüsse geleistet. Welche kaum zu glaubenden Schwierigkeiten dieser energische, kunstbegeisterte Mann z. B. bei den verschiedenen Neubauten, zu denen man sich innerhalb des wenig gefügigen oder ausgiebigen Hauses auf dem Gewandhaushofe veranlasst sah, zu besiegen gehabt hat, wissen nur die Eingeweihten. Auch mag ihm nicht vergessen werden, wie treu und sorgsam er über die moralische Führung der Zöglinge wachte! Es sind das freilich Verdienste, die gewöhnlich im Stillen bleiben. Nachdem dem trefflichen, mit einem grossen Schatz von Liebe begabten und unter ernster Oberfläche ein weiches Herz verbergenden Manne die Gattin verhältnissmässig früh genommen worden und keine Kinder ihm beschieden waren, wurde das Conservatorium so zu sagen seine Familie, sein Ein und Alles. Die Conservatoristen waren seine Kinder, er war der Pflegevater Aller. Welchem hätte er nicht als solcher bei den Empfängen in seiner stillen Studir- und Arbeitsstube so manches Mal freundlich belobend oder ernst mahnend gegenüber gestanden, in dem von ihm allein bewohnten Häuschen der Schlossstrasse dicht am Thore der Pleissenburg, oder dann am Rossplatz, nahe dem Sterbehaus Mendessohns, in der wohlbekannten, einfach möblirten Stube mit dem Dämmerlicht dunkler Vorhänge, das dem an Augenschwäche Leidenden wohl that, und mit dem einzigen Schmuck zweier florumhüllter Porträts, der gestorbenen Gattin und des gestorbenen Freundes Mendelssohn!

Das Jahr 1844 raubte dem Directorium sowohl den nach Dresden berufenen Kreisdirector von Falkenstein, als den noch kurz vor Schluss des Jahres, wie wir oben sahen, unerwartet vom Tode hingerafften Friedrich Kistner. Des Ersteren Platz im Directorium ward nicht wieder besetzt, an des Letzteren Stelle als Cassirer trat Kaufmann Gustav Preusser (seit 1844, ausgeschieden 1856), dessen Nachfolger hinwiederum Stadtrath Dr. Lippert-Dähne wurde. Für Stadtrath Dr. Seeburg († 1851) ward der Advocat, nachmalige Dompropst Dr. Emil Wendler, für Hofrath Keil († 1857) Kaufmann und Rittergutsbesitzer Ferdinand Gruner auf Breitenfeld (der Sohn Carl Friedrich Gerhard Gruners und Bruder der Frau Minister von Falkenstein) Directorialmitglied, welch Letzteren nach seinem Tode der Sohn des Hofraths Keil, Legationsrath Dr. Adolph Keil, ersetzte. Von diesen hier neu Genannten war nur Ferdinand Gruner nicht auch zugleich Directorialmitglied der Gewandhausconcerte. Von der Kunstpflege im Preusserschen Hause, ebenso wie im Salomonschen (s. oben), hat erst kürzlich wieder Prof. Kuntze in seinem schönen Lebensbilde eines deutschen Gelehrten: „Gustav Theodor Fechner (Dr. Mises)" ein freundliches Bild entworfen. Ein geborener Leipziger, gleich den meisten von jenen allen, war auch Dr. Emil Wendler, aus der auch durch den Stifter der Wendlerschen Freischule wohl bekannt gewordenen, reichen und eingesessenen Familie, der Sohn des Professors der gerichtlichen Medicin, welcher Theodor Körners Freund und Retter nach dem Gefecht bei Kitzen, sowie ein Schöngeist mit artigem Talent für die Gelegenheitsdichtung war, gleich seinem Sohne, der sich, unbeschadet seiner Juristerei und advocatorischen Praxis, als musikalischer Kenner und Kritiker der „Allgemeinen musikalischen Zeitung" bewährt hat. Ein jeder dieser Männer durfte sich rühmen, bleibende Verdienst um das Conservatorium sich erworben zu haben. Mit obenerwähntem Neubestand des Directoriums ging das Institut 1868 noch in sein zweites Vierteljahrhundert über.

Wir sprechen nun von den seit dem 10 jährigen Gedenktag, d. h. seit 1853, eingetretenen Veränderungen im Lehrerpersonal. Für den Sologesang wurde in demselben Jahre noch Franz Götze gewonnen, ursprünglich ein tüchtiger Violinist, Schüler von Spohr, später lange Zeit sehr beliebter Tenorsänger am Weimarer Hoftheater. Er excellirte besonders in lyrischen Partieen und machte in Begleitung seiner Schülerin, der jugendlichen Sängerin Rosalie Agthe (nachmaligen Frau v. Milde) verschiedene höchst beifällig aufgenommene Gastspielreisen. Wohl mit Recht galt Götze, der vom Grossherzog von Weimar den Titel Professor erhalten hatte, als einer der besten Gesangslehrer seiner Zeit.

Die schätzbare Kraft Carl Ferdinand Beckers blieb dem Institut noch bis 1856. Nachdem er seine reiche Bibliothek der Stadt Leipzig als integrirenden Bestandtheil der Rathsbibliothek, für den ein eigener Custos in Alfred Dörffel gefunden wurde, überwiesen hatte, legte er in genanntem Jahre seine Organisten- wie seine Lehrerstellung nieder und zog sich ins Privatleben zurück. Er starb 1877 in Leipzig. Moritz Klengel, der Violinist, schied 1860 aus dem Lehrercollegium und zehn Jahre später, 1870, aus dem Leben. Die ersten früheren Schüler des Conservatoriums, welche in das Lehrerpersonal aufgenommen wurden, waren Dr. Robert Papperitz für Harmonielehre und Orgel neben Ernst Friedrich Richter, Engelbert Röntgen für Violine an Klengels, seines Schwiegervaters, Stelle, sowie Friedrich Valentin Hermann für Bratsche. Weiter unten noch ein Mehreres von ihnen. Auffallend rasch trat in der Violoncellistenstelle beim Gewandhausconcert und demgemäss auch im Lehrerpersonal des Conservatoriums ein Wechsel der Personen ein; nacheinander bekleideten diese Aemter Friedrich Grützmacher, Sohn des alten Dessauer Meisters, Bruder von Leopold, dann Dresdner Kapell-Mitglied; Davidoff, der als Kammervirtuos nach Petersburg zurückging; Carl Theodor Krumbholz, der nach Stuttgart, Louis Lübuck, der nach Frankfurth a. M. ging, endlich Emil Hegar, ebenfalls ein früherer Schüler des Conservatoriums der die betr. Lehrerstelle beim Silberjubiläum 1868 bekleidete. Die zwei letzten vor dem Abschnitt, den dieses Fest bildet, angestellten Lehrer waren, Giovanni Pozzatti für italienische Sprache nach François Vitale's Tod und Theodor Coccius (Bruder des berühmten Professors der Augenheilkunde Ernst Coccius in Leipzig) für Pianoforte nach Plaidy's Rücktritt (seit 1865).

Der definitive Nachfolger von Julius Rietz in der Gewandhausconcert-Leitung ist selbstverständlich auch an seinen Posten als Lehrer am Conservatorium getreten, Carl Reinecke, seit 1860 in Leipzig wieder wirksam, nachdem er schon früher, in den vierziger Jahren, dort sich aufgehalten und seinen Studien, die der Tüchtige auf eigene Hand trieb, hingegeben hatte. Er kam aus Breslau zurück, wo er akademischer Musikdirector gewesen war. Und, wie man nur mit voller Gerechtigkeit es wieder und wieder aussprechen darf, dass Reinecke jenen Platz am Dirigentenpult von jeher in seines Vorgängers würdiger, wenn auch, wie ja selbstverständlich, individuell abschattirter Weise ausgefüllt hat, so fand von allem Anfang an auch die Musikschule in ihm den vollen, sich nun schon über drei Decenniem bewährenden Ersatz des trefflichen Rietz.

Noch ist hier der Tod Moritz Hauptmanns, des Meisters der Harmonik und der Fuge, zu erwähnen, mit welchem Trauerfall leider das Jubiläumsjahr 1868 einleitete.

Protector des Instituts war nach dem Ableben König Friedrich August II. im Jahre 1854 der als Nachfolger seines Bruders zunächst auf den Thron gelangende König Johann von Sachsen geworden. Was sonstige Wohlthäter und Gönner des Conservatoriums anlangt, so durfte die Leitung, welche schon bei der Decenniums-Feier dankbar von „Vermächtnissen und Geschenken" hatte sprechen können, am 25 jährigen Jubiläum mit um so grösserer Genugthuung auf eine lange Reihe von Zuwendungen blicken. Wir wollen hier ausser den Beträgen des Mendelssohns- und Helbig-Stiftung, 2000 und 1000 Thaler — erstere hatte die Familie Mendelssohn beim Tode von Meister Felix begründet, letztere rührte von einem ohne Erben verstorbenen Candidaten der Theologie und Musiklehrer her (der auch als Dilettant oft im Gewandhaus mitgewirkt) — nur die Legate des Hofrathes Keil (500 Thaler), des Stadtrathes Dr. Demuth (500 Thaler), des Stadtrathes Dr. Seeburg (200 Thaler), des Kammerathes Frege (2000 Thaler), ferner Geschenke der Familie Gruner, des Kaufmanns Carl Vogt, sowie das von der Gewandhausdirection aus dem Ertrag eines Festconcertes am 100jährigen Geburtstag Mozarts begründete Mozart-Stupendium nennen.

Die Schülerzahl schloss am 2. April 1868 mit der Gesammtheit von 1420, nämlich 975 Schülern und 445 Schülerinnen, ab.

Die Feier des silbernen Jubiläums an genanntem Tage bestand des Morgens aus einem Festactus im Saale des Conservatoriums, des Abends aus einem Concert im Saale des Gewandhauses, dessen Programm: „Compositionen von activen Lehrern der Anstalt, ausgeführt von Schülern derselben" einzeln also lautete:

„Adoramas te Christe", op. 7, für Chor und Orgelbegleitung — Robert Papperitz; Quintett, op. 83, für Pianoforte und Streichinstrumente — Carl Reinecke, gespielt von Frau Hennig aus Waldenburg i. Schl., Max Brode aus Berlin, Christian Eisfeld aus Coburg, H. Klesse aus Gleiwitz und Julius Hegar aus Basel; Capriccio, op. 2, für drei Violinen — Friedrich Hermann, gespielt von Brode, Ersfeld und Courvoisier aus Basel; Symphonische Sonate in 3 Sätzen für 8 Hände auf 2 Clavieren, für das Fest componirt — Ignaz Moscheles, gespielt von Elisabeth Dannenberg aus Kursk (Südrussland), Marie Thorbecke aus Osnabrück, Max Wogritzsch aus Hermannstadt und Alexander Brasmadze aus Moskau; Zwei Lieder: „Frühlingsglaube" und „Die Elfen" von Uhland, für Frauenstimmen (Soli und Chor) mit Pianofortebegleitung, für das Fest componirt — E. F. Richter, Soli: Marie Büschgens aus Crefeld, Anna Werder geb. Schmidt (Bückeburg) aus

Leipzig, frühere Schülerinnen des Conservatoriums, Pianoforte: Alfred Richter; Drei Stücke für Violine mit Pianofortebegleitung — Ferdinand David, gespielt von den Violinschülern der Anstalt.

In dem Festactus am Morgen wurden durch Kreisdirector von Burgsdorff die Ordensdecorationen überbracht, welche Se. Maj. der König zu dem Feste an Conrad Schleinitz, sowie an die Lehrer David, Moscheles und Wenzel verliehen hatte. Universitäts-Musikdirector Richter erhielt den Professortitel. Nach dem Concert am Abend fand im Schützenhaus (dem jetzigen Krystallpalast) eine Festtafel statt, bei der die Wogen der Begeisterung und Freude hochgingen.

Drittes Kapitel.

Das „Königliche" Conservatorium.

Am 3. April 1876 wurde dem damals gerade dreiunddreissig Jahre alten Institut eine hohe Auszeichnung zu Theil in Gestalt der nachfolgenden, seinen Leitern zugehenden Verordnung des Ministeriums des Königlichen Hauses zu Dresden:

„An die Directoren des Conservatoriums der Musik zu Leipzig.

Das Ministerium des Königlichen Hauses hat mit lebhaftem Interesse und mit Befriedigung von dem Inhalte des Berichts Kenntniss genommen, welchen das Directorium des Conservatoriums der Musik zu Leipzig über die erfolgreiche Wirksamkeit des letzteren seit seinem mehr als 30jährigen Bestehen, und über die allgemeine theilnehmende Anerkennung, die sich dasselbe hierdurch erworben, in ausführlicher Weise erstattet hat. Dasselbe hat nicht ermangelt, über denselben Sr. Maj. dem Könige Vortrag zu erstatten.

Wie Se. Majestät sich darauf gern geneigt erklärt haben, auch ferner dem Conservatorium Seinen Schutz und Seine theilnehmende Unterstützung zu gewähren, so haben Allerhöchstdieselben auch in Erinnerung, dass das Conservatorium seine Errichtung lediglich der Gnade Sr. Majestät des hochseligen Königs Friedrich August II. verdankt und als eine durch das Blümnersche Legat hervorgerufene Königliche Stiftung zu betrachten ist, daher auch seit seiner Begründung ununterbrochen unter dem besonderen Protectorate erst seines erhabenen Begründers und nach dessen Tode Sr. Majestät des hochseligen Königs Johann gestanden hat, sowie in Anerkennung der vorzüglichen Leitung dieser Anstalt, auf das Gesuch des Directoriums vom 2./3. d. J. zu genehmigen geruhet, dass das Conservatorium der Musik zu Leipzig als auf Königlicher Stiftung beruhend auch wirklich als „Königliches" bezeichnet, und dass im Dienstsiegel desselben das Königliche Wappen geführt werde.

Selbstverständlich wird jedoch hierdurch an dem Institut selbst etwas nicht geändert, wohl aber bewendet es bei den bei Gründung des Conservatoriums der Musik mit Allerhöchster Genehmigung festgestellten Statuten, und zwar mit der Bestimmung, dass, wie die Wahl des Directors des Conservatoriums, so auch die Aufgabe dieser Stellung der Königlichen Bestätigung bedarf, und dass Veränderungen in den Mitgliedern des Directoriums dem Ministerium des Königlichen Hauses zum Vortrag an Se. Majestät den König anzuzeigen und regelmässige Berichte über das Institut am jedesmaligen Jahresschluss an das Ministerium des Königlichen Hauses zu erstatten sind.

Das Ministerium des Königlichen Hauses ermangelt nicht, das Directorium des Conservatoriums der Musik von diesen Allerhöchsten Entschliessungen in Kenntniss zu setzen.

Dresden, den 3. April 1876.
    Ministerium des Königlichen Hauses.
        Falkenstein."

Aus diesem Schreiben können die Leser erstens entnehmen, dass, wie sein Oheim, König Friedrich August II., und sein Vater, König Johann, auch der jetzige König Albert von Sachsen gern bereit gewesen ist, der hohe Protector des Conservatoriums bei seiner Thronbesteigung im Jahre 1873 zu werden. Dann will es wohl beachtet sein, dass der Veranlasser und der Unterzeichner dieses Documents aus dem Ressort des Ministeriums des Königlichen

Hauses kein Anderer war, als Johann Paul von Falkenstein, jener hochverdiente und liebenswürdig an seiner Vergangenheit festhaltende Regierungs-Beamte, dessen Name schon mit der Gründung des Conservatoriums so eng sich verknüpft hatte, und dem es nun eine grosse und reine Freude war, so zu sagen ein von ihm selbst mit aufgeführtes Gebäude durch das Königliche Prädicat und Wappen zu krönen.

Hier dürfte nun zunächst der Ort sein, uns eine Ausführung zu eigen zu machen, die wir einem bezügl. Aufsatz Carl Kipkes in der oben schon einmal erwähnten Monographie aus dem Jahre 1888: „Das Königliche Conservatorium der Musik in Leipzig. Geschichtliches und Biographisches. Von C. B. Vogel und C. Kipke" entlehnen, und deren inhaltlicher Theil ebenso treffend und gerecht ist, als wir die Form der Darstellung billigenswerth finden „Die Organisation des Instituts, so schreibt Kipke, blieb bis in den Anfang der achtziger Jahre dieselbe, welche sie von Beginn gewesen war, d. h. der Lehrplan umfasste während dieser ganzen Zeit nur den Unterricht in der musikalischen Theorie und Compositionslehre und im Clavier-, Orgel- Violin- und Violoncellospiel, im Solo- und Chorgesang, wozu als theils praktische, theils wissenschaftliche Ergänzung noch Uebungen im Ensemblespiel, Unterricht in der italienischen Sprache und Vorlesungen über Geschichte der Musik traten. Aus jenen Ensemble-Uebungen entwickelten sich auch schon in der allerersten Zeit des Bestehens jene sogenannten „Abendunterhaltungen", die als eine Art interner, d. h. zunächst nur für die Schüler selbst bestimmter concertartiger Aufführungen denselben Gelegenheit schufen, das Gelernte vor einem grösseren Hörerkreis von Studiengenossen zu verwerthen und sich so an das öffentliche Auftreten nach und nach zu gewöhnen. Wir weisen hierbei noch besonders darauf hin, dass aus den nahen Beziehungen, welche stets zwischen den Directorien der Gewandhausconcerten einer- und des Conservatoriums andrerseits bestanden, für die Zöglinge des letzteren eine Reihe von wesentlichen Vortheilen resultirten, welche in gleichem Masse zu bieten nicht leicht ein anderes Conservatorium in der Lage war. Mit ganz kurzen Unterbrechungen war den Schülern des Conservatoriums stets der unentgeltliche Besuch der Generalproben zu den wöchentlich im Winterjahrhalb stattfindenden Gewandhausconcerten und zu den Gewandhaus-Kammermusiken (6—10 an der Zahl) gestattet und ihnen damit ein Bildungsmittel von ausserordentlichem Werthe auf das Allerbequemste zugänglich gemacht. Neben dieser zunächst aufs Hören guter Musik beschränkten Vergünstigung war und ist überdies den talentvolleren und vorgeschritteneren Schülern, dafern sie ein Streichinstrument cultiviren, auch noch Gelegenheiten geboten, durch Mitwirkung in den Gewandhausconcerten sich zugleich auch praktische Routine im Orchesterspiel anzueignen. Immerhin war und blieb jedoch, wenn man von der letzterwähnten, doch nur Einzelnen zu Gute kommenden Vergünstigung absieht, die praktische Ausbildung der jungen Musiker, welche aus dem Institut hervorgingen, in letzterem selbst auf das virtuose Element und daneben etwa noch auf das Vertrautwerden mit der classischen Kammermusik beschränkt. Der letzte entscheidende Schritt zur Abrundung und Vervollständigung des Lehrplanes geschah erst, und die Fähigkeit zur Erfüllung höchster Ansprüche an die allseitige Ausbildung seiner Zöglinge erlangte das Conservatorium erst, als (im Jahre 1883, im vierzigsten seines Bestehens) auch der Unterricht in der Behandlung aller Orchester-Instrumente in das Organisationsstatut aufgenommen wurde, und als man auch (neben dem Sologesang) dem Chorgesang erhöhte Aufmerksamkeit zu widmen begann. Gegenwärtig ist das Conservatorium im Stande, durchaus mit eigenen Kräften, d. h. unter alleiniger Mitwirkung seiner Zöglinge, jede Art weltlicher oder geistlicher Concertmusik, vocale und instrumentale, zu bestreiten und sich und Anderen in mindestens würdigen, unter günstigen Umständen vielleicht sogar sehr guten Aufführungen zu vermitteln. Welche Bedeutung diese vollständige Unabhängigkeit des Institutes von anderen musikalischen Institutionen und deren jeweiliger Leitung für die weitere Entwickelung desselben besitzt, bedarf wohl keines specielleren Nachweises. Ich möchte daher noch einen Schritt weitergehen und der Ueberzeugung Ausdruck leihen, dass das Conservatorium, resp. die ihm jederzeit unentgeltlich disponiblen, jugendlichen artistischen Kräfte berufen seien, dermaleinst im Leipziger öffentlichen Musikleben eine belangreiche und — wie zu hoffen steht — auch segensreiche Rolle zu spielen. Bei fortgetetztem Wachsthum werden die derzeit bestehenden, überdies schon aus pekuniären Gründen im Allgemeinen nur den bevorzugteren Klassen zugänglichen grösseren Concertinstitute (Gewandhaus u. s. w.) nicht mehr in der Lage sein, den gesteigerten Concertbedürfnissen zu genügen — und alsdann wird in erster Linie die jugendliche Künstlerschaar der Conservatoriumszöglinge berufen und verpflichtet sein, bei der Veranstaltung billiger und populärer öffentlicher Concerte classischer Tendenz die Kerntruppen beizustellen oder wohl gar die betreffenden Concerte allein zu bestreiten."

Schon bemerkt wurde, dass diese Erreichung eines letzten und äussersten Ziels und Zweckes dem Conservatorium gelang, eben als es das vierte Decennium vollendete. Darauf passt ein dichterisches Bild Heinrich Rückerts: „Mit vierzig Jahren ist der Berg erstiegen.

Das 40jährige Bestehen des Instituts wurde durch sechs Jubiläumsconcerte gefeiert, die in der Zeit vom 12. Februar bis 12. März 1883 stattfanden. Wir verfehlen nicht, auch auf ihre Programme hier des Näheren einzugehen, so wie wir es mit den Concerten nach einem Jahr, nach zehn und nach fünfundzwanzig Jahren ebenfalls gehalten haben.

1. Jubiläumsconcert, Montag, d. 12. Februar, in der Nicolaikirche: Präludium und Fuge (C-moll) für Orgel von J. S. Bach — Bernhard Romberg aus Kalkhorst (M.-Schwerin); Ave verum corpus für 6stimmigen Chor (op. 50, Nr. 2.) von E. F. Richter; Sonate (Fis-moll) für Orgel von J. Rheinberger — Paul Grossmann aus Bischofswerda; Sarabande (D-dur) für Violoncell mit Orgelbegleitung von J. S. Bach — Max Kiesling aus Politz b. Greiz; Sonate (C-moll) für Orgel von S. de Lange — Reinhard Vollhardt aus Seifersdorf (Sachsen); Motette nach Worten des 91. Psalms für Soli und 6stimmigen Chor a capella von Franz v. Holstein (op. 19) — die Soli gesungen von Salomon Kronengold aus Leipzig, Marie Grempler aus Grünberg. Margarethe Casius aus Leipzig und Gustav Trautermann aus Wernigerode, Hermann Schneider aus Leipzig und Heinrich Anacker aus Dresden; Sonate (Es-moll) für Orgel von J. Rheinberger — Rudolf Lassel aus Kronstadt (Siebenbürgen); Adagio für Violine mit Orgelbegleitung (Cis-moll) von Albert Becker — Carl Häuser aus New-York; Präludium und Fuge (E-moll) für Orgel von J. S. Bach — Eduard Nössler aus Leipzig.

2. **Jubiläumsconcert**, Montag, d. 19. Februar im Gewandhause: Psalm 121 und geistliches Abendlied von G. Kinkel, für Chor a capella von Reinhard Vollhardt aus Seifersdorf (Schüler der Anstalt), unter Leitung des Componisten; Concert für Pianoforte (Nr. 1), Fis-moll, von C. Reinecke — Willy Rehberg aus Morges (Schweiz); Lieder mit Begleitung des Pianoforte — Elisabeth Kaiser aus Leipzig, Pianoforte Felix Weingartner aus Gratz; Concert für Violine, E-moll, von M. Bruch — Otto Beck aus Wittgensdorf; Symphonie No. 2, D-dur, von L. v. Beethoven, ausgeführt vom Orchester des Instituts (52 Schüler), unter gütiger Mitwirkung des Herrn Weissenborn, dirigirt von Felix Weingartner.

3. **Jubiläumsconcert**, Montag, d. 26. Februar im Gewandhause: Concert für Pianoforte, A-moll, von Rob. Schumann — Ida Geelmuyden aus Laurvig (Norwegen); Scene und Arie des Max aus dem „Freischütz" von C. M. v. Weber — Salomon Kronengold aus Leipzig; Concert in ungarischer Weise für Violine von J. Joachim (1. Satz) — Georg Lehmann aus Brooklyn; Arie des G. Brown aus der „Weissen Dame" von Boieldieu — Max Krause aus Borna; Concertstück für Violoncell (E-moll) von J. Servais — Richard Richter aus Döbeln; „La belle Griseldis", Improvisata für 2 Pianoforte's über ein französisches Volkslied aus dem 17. Jahrh. von C. Reinecke — Clara Blauhuth aus Leipzig und Jenny Adler aus Hamburg; Etude für Violine von F. David, mit Einleitung von J. Fiorillo, unisono vorgetragen von 61 Schülern und Schülerinnen, Pianoforte-Begleitung von Felix Weingartner aus Gratz und Willy Rehberg aus Morges.

4. **Jubiläumsconcert**, Sonnabend, d. 3. März in der Matthäikirche: „Actus tragicus", Cantate: „Gottes Zeit ist die allerbeste Zeit" für Soli, Chor, Orchester und Orgel von J. S. Bach — die Soli gesungen von Elisabeth Kaiser aus Leipzig, Gustav Trautermann aus Wernigerode und Franz Jos. Rich. Wollersen aus Hamburg, Orgel Paul Grossmann aus Bischofswerda; „Elias", Oratorium von F. Mendelssohn-Bertholdy (1. Theil) — die Soli gesungen von Salomon Kronengold, Alma Haufe aus Leipzig, Marie Grempler, Elisabeth Kaiser, Max Krause, Gustav Trautermann, Franz Jos. Rich. Wollersen, Herm. Anacker. Orgel P. Grossmann (sämmtliche als Solisten oder im Chor Mitwirkenden gehören gegenwärtig dem Institute an, mit alleiniger Ausnahme des Hrn. Concertsängers Wollersen, früheren Schülers des Instituts, welcher seine Betheiligung gütig zugesagt hat; Instrumentalbegleitung: das Orchester des Instituts).

5. **Jubiläumsconcert**, Montag, d. 5. März im Gewandhaus: Streichquartett, op. 95, F-moll, von L. v. Beethoven — Georg

Lehmann aus Brooklyn, Heinrich Klingenfeld aus München, Carl Häuser aus New-York, Rich. Richter aus Döbeln, Sonate für Pianoforte, op. 11, Fis-moll. von Rob. Schumann — Margarethe Wild aus London; Lieder mit Begleitung des Pianoforte von Eduard Behm aus Stettin (Schüler d. A.) — Gustav Trautermann, Variationen über ein eigenes Thema für Pianoforte und Violoncell (F-dur) von Betzy Holmberg aus Christiania (Schülerin d. A.) — Felix Weingartner und Rich. Richter; Adagri aus dem Streichquartett, op. 127, von L. v. Beethoven — Otto Beck aus Wittgensdorf, Heinrich Schulz aus Leopoldshall, Leander Springer aus Leyden und Max Kiesling aus Pohlitz; Chromatische Fantasie und Fuge für Pianoforte von J. S. Bach — Johannes Merkel aus Leipzig; Sonate für Violoncell, D-moll, von A. Corelli, unisono vorgetragen von 14 Schülern.

6. und letztes Jubiläumsconcert, Montag, d. 12. März im Gewandhause: Festouverture, E-dur, von Julius Lorenz aus Hannover (Schüler d. A.); Variations serieuses für Pianofortesolo von F. Mendelssohn — Clara Lingner aus Elbing; Lieder mit Begleitung des Pianoforte von Willy Rehberg aus Morges (Schüler d. A.) — Margarethe David aus Sangerhausen; Concert für Violine, E-moll, von F. Mendelssohn — Geraldine Morgan aus New-York, Cavatine aus dem „Barbier von Sevilla" von Rossini — Jenny Kaiser aus Gothenburg (Text schwedisch); Serenade für Streichorchester von Felix Weingartner aus Gratz (Schüler d. A.); Concert für Pianoforte, E-moll, von F. Chopin — Sophie Daiches aus Wilna; Zwei Symphoniesätze von Arthur Stiehler aus Annaberg (Schüler d. A.).

Die sechs Jubiläumsconcerte machten grosses Aufsehen, nicht blos in den berufsmässig interessirten Kreisen, und hielten das Leipziger Publicum durch vier Wochen lang angenehm in Spannung. Von dem Zeitpunkte aus, auf den sie uns hier schon versetzten, müssen wir jetzt aber noch einen weiter sich verbreitenden Rückblick auf die siebziger Jahre werfen. Wir müssen, um das Geschichtliche fortzuführen, recapituliren und nochmals anknüpfen an die Periode nach dem silbernen Jubiläum, die Zeit, in welcher der Natur ihr Recht geschah und der Tod, der sich endlich nicht abweisen lässt, rasch hintereinander die Veteranen des Instituts dahinraffte.

Er war eine Zeit, von der, in poetischer Sprache wiedergegeben, des französischen Barden Klage galt: „Les Dieux s'en vont!" Vier Mal streckte der Tod seine Hand nach den alten Zierden der Anstalt aus, denen es beschieden geblieben war, sie aus der Jugend her ins Mannesalter, in die Periode der Reife und Vollendung zu geleiten: 1870 ging Ignaz Moscheles, 1873 Ferdinand David, 1879 Ernst Friedrich Richter, endlich 1880 Ernst Ferdinand Wenzel des Weges, von wannen keine Wiederkehr. Auch der alte gemüthliche und vielbeliebte Louis Plaidy bereits seit 1865 nicht mehr activ, starb nun, mit seinen früheren Collegen zugleich, im Jahre 1874. Er hatte sich zuletzt aus Leipzig zurückgezogen in die freundliche Stadt Grimma, woselbst ihm denn auch sein sanftes Ende bereitet wurde. Dagegen wurde Wenzel — es war etwas von einem umgekehrten Dioskurenpaar in den Beiden — direct vom Kampfplatz, auf dem er ausgehalten hatte, von hinnen gerufen. Da er ohne Familie starb, so übernahm es die musikalische Gemeinde Leipzigs, ihm die letzten Ehren zu bereiten, man veranstaltete ein Concert im Gewandhause, aus dessen reichem Ertrag dem Verstorbenen ein würdiges Grabdenkmal gesetzt worden ist. Gross war auch der Leichenconduct des Altmeisters Moscheles, der nun doch in Leipzig, der Musik- und Gartenstadt, sein letztes Bette fand, und nicht in London, „an der Themse auf dem Markt der Welt", um mit Schiller zu sprechen. David war fern von der Heimath auf einer Schweizer Reise gestorben — unter freiem Gotteshimmel, mit seinen Kindern auf einer Bergtour begriffen, liess er, sich etwas ermüdet fühlend, zum Ausruhen am Wege nieder und, im nächsten Augenblick von einem Herzschlag getroffen, entfloh schmerzlos und lautlos das Leben des Meisters. Ungemeine Theilnahme erregte dieser Todesfall in der musikalischen Welt, und speciell in Leipzig, wo sich die gesammte Bewohnerschaft in Mitleidenschaft gezogen fühlte. Ein Stück Geschichte Leipzigs ging mit dem populären und originellen Mann dahin. Zu seinem Begräbniss stellten Tausende aus allen Ständen und gesellschaftlichen Schichten sich ein, und namentlich auch das Damenpublicum bezeugte zum letzten Mal seine aufrichtigen Sympathien.

Noch im Jubiläumsjahre 1868 selbst war dem Conservatorium der hervorragende Gesangsmeister Prof. Franz Götze in Folge einer Differenz mit einem Mitgliede der Direction verloren gegangen. Er wurde zunächst durch Carl Gloggner (1868—71, † 1887 in der Schweiz) abgelöst. Nur ein Jahr lang wirkte als Lehrer des Gesanges Albert Konewka (1871—72), früher ein verdienstlicher Bühnen-Tenor, Bruder des früh verstorbenen genialen Silhouettenzeichners Paul Konewka. Nach diesem hinwiederum ist Adolf Schimon's, des Gatten der ausgezeichneten Sängerin Frau Schimon-Regan, zu gedenken. Er gehörte dem Institut von 1874—77 und dann noch einige Monate in den Jahren 1886 und 87 an; er starb im Juni des zweitgenannten Jahres.

Nach drei Jahren gab Giovanni Pozzati seinen Platz auf (1869), weil diesem „Italianissimo" der deutsche Theil seines italienischen Sprach-Unterrichts zu schwer fiel; er wurde ausgezeichnet ersetzt durch den vielsprachigen Dr. Werder. Engelbert Röntgen musste es (1875) seiner zarten Gesundheit angemessen erachten, ganz nur den Posten des ersten Concertmeisters als des Erben David's im Gewandhause zu leben. Raymund Dreyschocks († 1869 in einer Heilanstalt, in welche er eines langwierigen Nervenleidens wegen gebracht worden) Nachfolger als 2. Conertmeister im Gewandhause war Henry Schradieck; auch als Lehrer der Geige am Conservatorium folgte er ihm. Er wandte sich aber 1883 nach Amerika. Noch kürzer war die Thätigkeit der nachstehend genannten, fast durchweg aus dem Conservatorium selbst hervorgegangenen Lehrer: Alexander Kummer (Violine, 1871—73); Hermann Kretzschmar (Theorie und Composition, Pianoforte und Orgelspiel, 1871 bis 1875); Eusebius Dvorzak von Walden (Violine, 1873 bis 1876); Alfred Richter (ein Sohn Ernst Friedrich Richters, Theorie und Pianofortespiel, 1873—84); Louis Maas (Clavier, 1876—80); Otto Dresel (Clavier, 1880—82); Albert Eibenschütz (Clavier, 1880—84); August Insprucker (Harfe, 1882—84) und Dr. Paul Klengel (Enkel Moritz Klengels, älterer Bruder Julius Klengels, 1883—86). Endlich das Violoncell: auf Emil Hegar folgte zunächst (1874) Carl Schröder (der spätere Hofopern-Capellmeister in Berlin), den 1881 sein jüngerer, noch jetzt in den Stellungen am Gewandhaus und Conservatorium mit Erfolg wirkender Bruder Alwin ablöste. Näheres über eine Anzahl von Lehrern, die ebenfalls schon vor 1883, und zum Theil schon lange vorher, eintraten — weil sie auch heutigen Tages noch in erspriesslicher und ehrenvoller Thätigkeit sind —, weiter unten.

Jetzt zum Directorium. Aus diesem schied 1882 der inzwischen zum Geheimen Legationsrath ernannte Dr. Adolf Keil aus, weil er nach Erwerb eines Rittergutes bei Dresden mit seiner Familie überhaupt Leipzig verliess. Noch vorher, 1880, war Dr. Lippert-Dähne gestorben. Der empfindlichste Verlust aber war Dr. Conrad Schleinitz, der „treue Eckardt" des Conservatoriums, wie des Gewandhauses, der 1881 im 79. Lebensjahre, tiefbetrauert von Jedem, der ihm irgendwie hatte näher treten dürfen, mit Tode abging.

Er bleibt unvergessen, und es ist wie eine Nachwirkung des Segens, den sein Thun und Dasein allenthalben verbreitete, dass den beiden Musikinstituten Leipzigs, welchen er sein Leben gewidmet, in seinem Nachfolger auch wirklich ein Ersatz erwuchs.

Dieser Treffliche, von dem das verdiente Höchste gesagt ist, wenn man eben sagt: er hat Conrad Schleinitz ersetzt, ist der Stadtrath a. D. Dr. jur. Otto Günther (früher Advocat und Gerichtsdirector, dann von 1867 an Mitglied des Magistrats der Stadt Leipzig und 1872 von diesem Amte zurückgetreten). Er wurde in Leipzig selbst als ein Sohn des „Präsidenten Günther" (s. Z. eines der glänzendsten Repräsentanten der Wissenschaft und Universität nicht nur, sondern des gesammten öffentlichen und gesellschaftlichen Lebens der Stadt) geboren, der Kunst schon immer ergeben (gleich seinem Bruder, der sich als Operncomponist unter dem Pseudonym Herther hervorgethan) und Wittwer der Leipziger Professorentochter Dindorf, für deren frühen Verlust er ähnlich, wie unser Schleinitz in dem gleichen Falle, Trost und Zerstreuung in den freiwillig übernommenen Pflichten des Vorstandes der genannten zwei Leipziger Musikinstitute suchte und fand. Denn nicht nur im Directorium des Conservatoriums wurde er nach dem Tode des Dr. Schleinitz, sondern ebenso im Directorium des Gewandhauses nach dem Tode des Consuls Limburger der Vorsitzende, und erst im vorigen Jahre hat er den zweiten dieser schwierigen und arbeitsvollen Ehrenposten aufgegeben, um dem ersten sich um so ausschliesslicher widmen zu können. Es klingt geradezu rührend, wenn man hört, was selber ein früherer Schüler der betreffenden Anstalt, der mehrfach von uns erwähnte Carl Kipke, pietätvoll und aus enthusiastischem Herzen herausgeschrieben hat: „Wenn man Kaiser Titus die Wonne der Menschheit genannt, so darf man Dr. Günther die Wonne der Conservatoristen nennen. Wer der Anstalt als Zögling angehört, erblickt in ihm, dem Director, einen liebevollen, fürsorglichen Vater, und wer immer ein Anliegen an ihn hat, vertrauensvoll an ihn sich wendet, darf der Zuversicht leben, aus seinem Munde die richtige Entscheidung zu vernehmen und ihn bereit zu finden zu gutem Rath und helfender That, soweit solche im Bereich seiner freilich sehr in Anspruch genommenen Machtsphäre liegen. Möge er noch lange dem Institut in gleicher Thatkraft, wie seither, erhalten bleiben!"

Ausser Dr. Günther traten ferner als neu in das Directorium der Musikschule ein: Der Kauf- und Handelsherr, auch mehrfacher Consul, Paul Bernhard Limburger, geboren 1826 in Leipzig, mit Consul Beckmann (seinem Schwager, wenn wir nicht irren) einer der Chefs der von seinem Grossvater Jacob Bernhard Limburger begründeten grossen Seiden-, Wollen- und Garn-Firma J. B. Limburger — seit 1868 auch schon Mitglied des Directoriums der Gewandhausconcerte, dessen Vorsitz er 1881 an Stelle des verstorbenen Dr. Schleinitz übernahm. Zweitens: Dr. Rudolf Wachsmuth, Sohn des Historikers Wilhelm Wachsmuth, geboren 1828 in Leipzig, Advocat und Notar, sowie Director der Allgemeinen Deutschen Credit-Anstalt und seit 1875 Handelskammer-Präsident. Die Doctorwürde erhielt er 1877 von der Universität Leipzig honoris causa. Drittens: Kauf- und Handelsherr Emil Trefftz, geboren 1816 in Leipzig, gehörte zu den ersten Mitgliedern des „Männer-Gesang-Vereins" und war Vorstand der Singakademie. Gegenwärtig noch ist er Vorsitzender des „Bach-Vereins". Unter Mendelssohn und Hauptmann hat er sich bei musikalischen Aufführungen zuweilen am Sologesang betheiligt. Auch Wachsmuth und Trefftz sind Mitglieder des Directoriums der Gewandhausconcerte (seit 1872 und 80). Endlich viertens: Heinrich Behr, Theaterdirector a. D., längst den Leipzigern bekannt und werth als Oratorien- und Concertsänger, sowie früher auch als Bühnensänger. Er hatte damals von Neuem in Leipzig, der Heimath seiner Frau (geborenen Ottilie Benedix, der jüngsten Schwester des Lustspiel-Dichters), Wohnsitz genommen.

Wir haben noch die Schülerzahl zu erwähnen; die Frequenz war fortwährend eine steigende. Beim 40jährigen Jubiläum 1883 zählte die officielle Statistik 2061 Schüler, 1632 Schülerinnen, in Summa 3693 Zöglinge im Zeitraume der damals verflossenen achtig Semester.

Innerhalb des hier betrachteten Zeitabschnittes trat auch die neue deutsche Reichswährung ein. Zugleich entsprechend den veränderten Verhältnissen des Lebens, der allgemeinen Vertheuerung ebensowohl, wie der vielprocentigen Entwerthung des Geldes, beträgt seitdem das früher mit 80 Thalern bezifferte jährliche Unterrichtsgeld pro Person 360 Mark.

Die Zahl der Kunstjünger, welche am Königl. Conservatorium der Musik in Leipzig ihren Studien oblagen, resp. obliegen wollten, war dermassen im Zunehmen begriffen, dass sich die bis dahin zur Verfügung stehenden Räumlichlichkeiten endlich als unbedingt unzureichend erwiesen. Nachdem deshalb das oben in seinen fünf Mitgliedern aufgezählte Directorium der Anstalt im Jahre 1883 den Wunsch ausgesprochen, dass die Stadt Leipzig ein den Bedürfnissen des Conservatoriums entsprechendes Gebäude in der Nähe des neuen Gewandhauses errichten möchte, wurde der städtische Baudirector Hugo Licht Ende September 1883 von Seiten des Rathes mit dem Auftrage betraut, Skizzen und ungefähre Kostenanschläge zu einem Neubau auszuarbeiten, sowie mit der Anfertigung eines Entwurfs vorzugehen. Für verschiedene Bauplätze wurden Lösungen ausgearbeitet, deren letzte Ende September 1884 Seitens des Rathes in ihrem Grundgedanken Genehmigung fand. Der Bauplan wurde Mitte April 1885 dem Rathe vorgelegt und von diesem gebilligt. Die Stadtverordneten ertheilten am 6. Mai 1885 ihre Zustimmung zur Verwendung einer Gesammtsumme von 700 000 Mark, während der Anschlag 703 000 Mark betrug. Ende Mai 1885 wurde mit dem Bau begonnen. Eine wesentliche Förderung war der Angelegenheit dadurch zu Theil geworden, dass im December 1884 ein vermögender Gönner des Conservatoriums, um die Frage des Neubaues dem Abschluss nahezubringen, der Anstalt eine Summe von 300 000 Mark zum Geschenk gemacht hatte.

„Ein vermögender Gönner", wie es damals ohne Namensnennung hiess — das war nicht correct. Es hätte heissen müssen: eine Gönnerin.

Justus Radius, Professor der Hygiene und Pharmakologie, Director des Pharmakognostischen Museums der Universität Leipzig, Königl. Sächs. Geheimrath, hatte bereits unter dem 18. Januar 1877 für den Alters- und Unterstützungs-Fond des Gewandhausorchesters die Summe von 6000 Mark gestiftet, mit der liebenswürdigen Motivirung: „Nachdem ich schon über 50, meine Frau aber fast 40 Jahre die Gewandhausconcerte besucht und wir dadurch grossen Genuss gehabt, manche Erheiterung in trüber Stunde gefunden haben, möchten wir uns gern gegen dieses unübertreffliche Institut und seine Leiter nach unseren schwachen Kräften dankbar beweisen." Geheimrath Radius starb dann am 7. März 1884, im hohen Alter von über 86 Jahren, und seine Wittwe war es, die im folgenden December — man darf annehmen, durchaus im Sinne, und vielleicht nur einen s. Z. gemeinschaftlich gefassten Beschluss als die Ueberlebende ausführend — jene obengenannte grossartige Schenkung machte.

Viertes Capitel.

„Im eigenen Hause" — und Fünfzig Jahre alt.

In der treuen Zusammengehörigkeit, welche zwischen Gewandhaus und Conservatorium von jeher bestanden, sollte auch, nachdem das neue Gewandhaus errichtet worden, keine Wandelung eintreten — denn auch das neue Conservatorium steht in unmittelbarer Nähe des neuen Gewandhauses: „das eine mag nicht ohne das andere sein, weil eines die erprobteste Stütze des anderen immer war und bleiben will."

Das neue Gebäude, dessen gesammte bebaute Fläche 2200 Quadratmeter beträgt, liegt mit der Front an der Grassi-Strasse und enthält längs derselben den Haupttract. Derselbe ist 58 Mtr. lang und 17 Mtr. tief. Nach hinten erstrecken sich zwei Flügel, die einerseits so weit von den Nachbargrenzen zurückliegen, dass sie hier noch Licht empfangen, andrerseits sich an den grossen Hof anlehnen.

Ohne alle die architectonischen Details und die aufs Planvollste ausgenutzten Raumverhätnisse näher schildern zu wollen, bemerken wir nur, dass im Ganzen das neue Gebände enthält: einen grossen Saal, zwei kleinere, zwei Orgelzimmer, 44 Lehrzimmer (incl. Garderobe und Wartezimmer), ein Directorialzimmer, die Bibliothek, einen Sitzungssaal, Bureauräume und Castellanwohnung. Sämmtliche Lehrzimmer haben doppelte (Schall-) Decken. Das Material ist sächsischer Sandstein, nach dem Hofe Putzbau. Der Saal, dessen Dachconstruction eisern, ist mit Wellenzink gedeckt, die übrigen Dächer mit Schiefer. Die Treppen sind massiv. Baudirector Licht hat seine Aufgabe mustergültig gelöst.

Der grosse Saal enthält 760 Sitzplätze. Dem Orchester und der stattlichen (Walckerschen) Orgel gegenüber befindet sich auf der Galerie die Directorialloge. An den Brüstungen der Galerie laufen Tafeln mit den Namen Bach, Händel, Haydn, Beethoven, Schubert, Chopin, Schumann, Wagner, Gluck, Mozart, Weber, Spohr, Hauptmann, Volkmann. Ein Medaillon-Bildniss von Conrad Schleinitz ziert die Brüstung vor der Directorialloge, ein Medaillon mit dem Porträt Felix Mendelssohns die Decke über derselben, dazu die Inschrift: „Edles nur künde die Sprache der Töne".

In dem grossen, 1000 Personen fassenden Saale des Neubaues werden nun nicht mehr blos, wie im Saale des alten Conservatoriums, die wöchentlichen Abendunterhaltungen, sondern auch die öffentlichen Hauptprüfungen abgehalten, für die man sich früher den Gewandhaussaal lieh. In einem der kleineren Säle ist eine Uebungsbühne aufgestellt. Alle Räume sind mit elektrischer Beleuchtung und mit Ventilationsanlagen versehen.

Die Stadt Leipzig also — es ist das ein Unterschied vom neuen Gewandhaus — hat dem Conservatorium das neue Haus erbaut, indem sie damit alles früher (von anderen Männern) Versäumte glänzend gut gemacht hatte, und das Conservatorium verzinst das Kapital. Aus der Radius-Stiftung ist die ganze innere Einrichtung des neuen Institutsgebäudes bestritten worden.

Die Uebersiedelung aus dem alten Hause erfolgte Ende November und Anfang December 1887. Die feierliche Einweihung des neuen Hauses fand am 5. December statt. König Albert verlieh an diesem Tage dem Vorsitzenden des Directoriums, Dr. Otto Günther, den Civil-Verdienstorden 1. Classe. In dem alten Gebäude, auf dem Gewandhaushofe, befindet sich jetzt das Schiedsgericht für Unfallversicherungs-Sachen und das Museum für Völkerkunde.

Seitdem sind nun wieder über fünf Jahre vergangen — es vollendet sich bald das sechste Jahr, und das Conservatorium feierte am 10. März 1893 sein halbhundertjähriges Bestehen, gleichzeitig mit dem anderthalbhundertjährigen Jubiläum der Gewandhausconcerte, das freilich unbezeichnet vorüberging. Auch diesem Feste schenkte des Königs Majestät Allerhöchst ihre Gegenwart. Das Conservatorium hielt den eigentlichen Jubiläumstag (2. April) nur deshalb nicht fest, weil dieser im Jahre 1893 der heilige Ostersonntag war.

Das Programm dieser Feier am 10. März brachte Vormittags im Institutsgebäude einen Festactus, eingeleitet durch Vortrag der „Fest-Ouverture" (op. 218, A-dur) mit Schlusschor: „An die Künstler" von Friedr. v. Schiller, für Orchester und Männerchnr componirt von Carl Reinecke. Inmitten: Ansprache des Directors Dr. Günther. Den Schluss machte die „Neunte Symphonie" mit Schlusschor über Schillers Ode: „An die Freude" von L. v. Beethoven — die Soli gesungen von Fräulein Katharine Steckhan aus Leipzig, Fräulein Emmy Rebling aus Leipzig, Herrn Otto Schröder aus Halle a. S. und Herrn Richard Meienreis aus Görlitz. „Die im Orchester, im Chor und als Solisten Mitwirkenden sind insgesammt gegenwärtig Schüler, bezw. Schülerinnen des Instituts", hiess es im Programm. Am Abend folgte im „Krystall-Palast" (dem früheren Schützenhause, wo auch beim SilberJubiläum 1868 das abendliche Bankett stattfand), in der „Albert-Halle" von 7 Uhr an „Fest-Commers" mit humoristischen Aufführungen, um 9 Uhr im blauen Saal und im Theatersaal „Tafel", sowie nach aufgehobener Tafel „Ball".

Und wiederum sind seit den letzten zehn Jahren, seit dem 40jährigen Jubiläum, Todesfälle im Directorium zu beklagen gewesen. Es starben Consul Bernhard Limburger und Bankdirector Dr. Rudolf Wachsmuth — Theaterdirector Heinrich Behr schied ausserdem aus dem Vorstand, weil er Leipzig wieder verliess und nach Berlin zu Tochter und Schwiegersohn (dem Kgl. Hofschauspieler Nesper und Gattin) übersiedelte. Eingetreten in den Vorstand sind der Ober-Bürgermeister Dr. Georgi und der Rechtsanwalt Paulus Immanuel Röntsch, Letzterer ein geborener Leipziger als ein Sohn des verstorbenen Ober-Postmeisters Röntsch. Dr. Georgi gehört gleichzeitig dem Directorium der Gewandhausconcerte an. Es wird von persönlichem Interesse sein, und mag hier nicht unerwähnt bleiben, dass er ein Schwiegersohn des früheren Directorialmitgliedes Ferdinand Gruner ist, wie er denn auch durch seine Gemahlin in nahe Verwandschaft zur Familie des Ministers von Falkenstein trat — Frau Ober-Bürgermeister Georgi war väterlicher Seits die Nichte des dahingegangenen einflussreichsten Gönners und Mitschöpfers des Institutes, resp. der Gattin desselben, geb. Gruner.

Treu zur Seite steht dem Directorium in ausgezeichneter Pflichterfüllung nun schon seit über 30 Jahren der Inspector, Bibliothekar und Cassirer Bruno Albrecht in ähnlichen Stellungen (als Archivar u. s. w.) auch am Gewandhaus thätig gewesen, ein beinahe 70 jähriger, aber bisher noch sehr rüstiger, energischer und vor Allem auch sehr gefälliger Beamter, von 1850—63 Clarinettist im Gewandhausorchester (neben Landgraf) und am 24. Juni 1864 in die besagten Posten eingetreten. Expedient und Secretär ist Moritz Seifert, geborener Leipziger, ein jüngerer Mann und seit 1876 im Bureau des Conservatoriums neben Albrecht in anerkannt tüchtigster Weise beschäftigt.

Eine eingehendere Betrachtung ist nun noch dem Lehrerpersonal zu widmen. Wir hatten ja so Manchen in diesem trefflichen Collegium, der nun schon eine lange Reihe von Jahren mit Ehren wirkt, noch nicht zu erwähnen Anlass gehabt, weil wir, der Uebersichtlichkeit wegen, bisher daran festhielten, immer die abgeschlossenen Lehrer-Laufbahnen zu gruppiren, die weitergeführten und noch nicht zum Abschluss gekommenen uns aber aufsparten. Jetzt ist der Ort, auch die Namen dieser Betreffenden zu nennen.

Strenggenommen können wir dem „alten Stamme" des Lehrer-Collegiums noch einen „ältesten" vorangehen lassen, dessen Persönlichkeiten schon bei dem Silber-Jubiläum 1868 im Amte waren. Das sind die vier Senioren der Anstalt: Friedrich Hermann (geb. 1828 in Frankfurt a. M.), Robert Papperitz (geb. 1826 in Pirna), Carl Reinecke (geb. 1824 in Altona) und Theodor Coccius (geb. 1824 in Leipzig). Hermann, einer der ersten Schüler des Conservatoriums (1843—46), wurde nach Abgang von demselben Mitglied des Gewandhausorchesters und später auch Lehrer der Anstalt, die ihn gebildet. Bernhard Vogel (in seinem Aufsatz: „Das Lehrercollegium" in der mehrfach schon von uns citirten, mit C. Kipke in Gemeinschaft herausgegebenen Broschüre) charakterisirt den in Rede Stehenden als den „treuen Hüter der Ferdinand Davidschen Violin-Pädagogik" die von ihm vorbereiteten und geleiteten Ensembleleistungen; in den Hauptprüfungen erregten stets lebhafte Bewunderung. Königliche Huld hat ihm dem Professortitel verliehen — eine Auszeichnung, die nunmehr auch seinen Collegen Papperitz, Coccius und Jadassohn widerfahren ist, abgesehen vom Kapellmeister Reinecke und von Dr. Oskar Paul, bei dem es nicht blosser Titel, sondern der eine Universitätsprofessur inne hat. Papperitz war von 1848—51 Conservatoriums-Schüler, mit so günstigem Erfolge, dass er nach seinem Abgang sofort ins Lehrercollegium eintrat. Von der Universität Jena mit der philosophischen Doctorwürde ausgestattet, übernahm er das Organistenamt an der Nicolaikirche zu Leipzig. Carl Reinecke, der Nachfolger von Rietz im Gewandhaus, wie am Conservatorium, ist als eine der leuchtendsten Zierden des gesammten Leipziger Musiklebens allbekannt und anerkannt. Auch als Lehrer, mit dem wir hier zu thun haben, hat er sehr erhebliche Erfolge aufzuweisen und „eine lange Reihe jüngerer Pianisten in allen Himmelsgegenden zerstreut, ist stolz darauf, durch ihn die hohe künstlerische Ausbildung erhalten zu haben. Es befinden sich darunter so Manche, denen der Concertsaal, die grosse Oeffentlichkeit warme Anerkennung zollt, und Andere wieder, die als geschätzte Pädagogen, das Reineckesche Beispiel treu befolgend, der würdigen Pflege des Clavierspiels allen Vorschub leisten." Ebenso hat Coccius (seit 1864) als Lehrer des Pianoforte sich eines hohen Rufes zu erfreuen. „Seine Ausgabe der Cremerschen Etuden spricht für bedeutenden pädagogischen Scharfblick und fand in Folge solchen Vorzugs weite Verbreitung. Noch heute lehren diese Vier: ad 1, Violin- und Violaspiel (Solo, Ensemble, Quartett); ad. 2, Harmonie- und Compositionslehre, Pianoforte (Solo und Ensemble), Orgelspiel; ad. 3 Composition, Pianoforte (Solo und Ensemble); ad. 4, Pianoforte (Solo und Ensemble).

Zum „alten Stamm" sind sodann zu rechnen: Oskar Paul — Harmonie- und Compositionslehre, Pianoforte (Solo und Ensemble), Geschichte und Asthetik der Musik; Friedrich Werder — italienische Sprache (schon erwähnt); Salomo Jadassohn — Harmonie- und Compositionslehre, Pianoforte (Solo und Ensemble); Leo Grill — Harmonie- und Compositionslehre, Solo-Gesang; Friedrich Rebling — Stimmbildung, Gesangsunterrichts-Methode, Solo- und Ensemble-Gesang; Johannes Weidenbach — Pianoforte (Solo und Ensemble). Dr. Oskar Paul (geb. 1836 zu Freiwaldau i. Schl.) war seit 1859 Schüler des Conservatoriums, wo er sich besonders nahe an Moritz Hauptmann schloss. Er ist wohl der namhafteste Schüler dieses Meisters in der eigentlichen Musikwissenschaft, deren erste an der Leipziger Universität begründete Professur er seit 1872 bekleidet. Lehrer am Conservatorium ist Paul seit 1866. Er geniesst als Docent und Lehrer, als Componist, wie als Musikschriftsteller und Kritiker (Leipziger Tageblatt und Zeitung) gleich hohes Ansehen. Dr. Werder (geb. 1832, lehrt italienische Sprache und Declamation seit 1869, wie oben schon registrirt worden. Jadasohn, geb. 1831 in Breslau, 1848 Schüler des Leipziger Conservatoriums, dann noch von Liszt in Weimar und von Hauptmann in Leipzig weitergebildet, ist Dr. phil. und Musikdirector. 1867—69 leitete er die Leipziger Euterpeconcerte und trat dann als Lehrer beim Conservatorium ein. Er ist neben Reinecke der fruchtbarste Componist in der alten Musenstadt und, einer der gewandtesten Contrapunktisten, behandelt er namentlich den Canon mit einer Virtuosität, die schon Hauptmann nach Gebühr anerkannte. Auch seine Lehrbücher errangen sich weite Verbreitung. Leo Grill (geb. 1846), ein trefflicher Schüler Franz Lachners in München, hatte sich schon, ehe er als Lehrer zum Leipziger Conservatorium kam, als Componist u. s. w. hervorgethan. In den achtziger Jahren befiel ihn eine langwierige, schmerzhafte Krankheit, doch genas er endlich vollständig und ist seitdem seinem mit Hingebung gepflegten Lehrer-Berufe ganz wieder gewonnen. Friedrich Rebling (geb. 1835 zu Barby im Kr. Kalbe), am Leipziger Conservatorium ausgebildet und dann geschätzter Opernsänger, über zehn Jahre lang zuletzt in Leipzig, ein trefflicher lyrischer und Spieltenor, sowie Tenorbuffo, der z. B. einer der Ersten war, welche im „Nibelungenringe" den Mime gesungen, „geniesst als Gesangslehrer am Conservatorium (nun schon seit 1877) ein grosses, wohlberechtigtes Ansehen. Er hat viele sehr tüchtige Sänger und Sängerinnen gebildet, welche mit Ehren die Bretter betreten haben." Johannes Weidenbach (geb. 1847), Schüler des Leipziger Conservatoriums von 1869 —71, wurde sofort beim Abgang als Lehrer an derselben Stätte angestellt. Er ist ein gediegener Pianist und in seinem Unterricht ebenso gründlich, als anregend.

Zur Seite dieser „Aeltesten" und „Alten" machten auch schon das 40jährige Jubiläum 1883 mit: Carl Piutti (geb. 1846 in Elgersburg), Schüler des Conservatoriums von 1869—71, „widmete sich mit ausnehmendem Erfolge theoretischen Studien, und so rückte er bald in eine Lehrerstelle für Harmonie-, Compositionslehre und Orgelspiel ein, in der er sich mancherlei Verdienste erwarb." Als Organist an der Thomaskirche wurde er der Nachfolger des Prof. Dr. Rust (s. w. u.). Julius Lammers (geb. 1829), Schüler des Conservatoriums von 1846—47, wirkte an ihm als Lehrer der Harmonie- und Compositionslehre, sowie des Pianofortespiels (für Solo und Ensemble). Bruno Zwintscher (geb. 1838), auf dem Leipziger Conservatorium gebildet in den Jahren 1856—59), „ist ein bewährter Clavierpädagog; seine technischen Studien enthalten soviel schätzbares Material, dass sie den Lernenden nicht genug empfohlen werden können." Heinrich Klesse (geb. 1840) „ist den verschiedensten Fächern gerecht. Violine, Viola, Orgel, Stimmbildung, Solo- und Chorgesang, Gesangs-Unterrichts-Methode — das Alles steht auf seinem Lehrplan und in jeder Disciplin entfaltet er den rühmlichsten Eifer. Er dürfte einer der Ersten sein, der auch den Unterricht auf der Janko'schen Claviatur ertheilen könnte. Professor Dr. Wilhelm Rust (geb. 1822 in Dessau), Kgl. Musikdirector, Schüler seines Onkels und Friedrich Schneiders, von 1862 —74 Leiter des Berliner „Bach-Vereins" und über 25 Jahre Redacteur der grossen Gesammtausgabe der Bachschen

Werke, wurde 1878 an die Thomasschule zu Leipzig als Organist berufen, sowie 1880 zum Cantor daselbst nach dem Tode E. F. Richters gewählt. „Der Thomanerchor stand unter Rust auf einer stolzen Höhe der Leistungsfähigkeit; gleich gross waren Rusts Verdienste als Lehrer am Conservatorium, wo er Harmonie- und Compositionslehre vortrug". Alois Reckendorf (geb. 1841 zu Trebitsch in Mähren), Schüler des Leipziger Conservatoriums in den Jahren 1865 —67, wurde später Lehrer daselbst, und „gleich anregend, wie sein Unterricht in Harmonie- und Compositionslehre, ist er im Pianofortespiel (Solo und Ensemble)".

Die 1883 ebenfalls schon, seit längerer oder kürzerer Zeit, fungirenden Lehrer Barge, Bolland, Brodsky, Gumpert, Hinke, Jul. Klengel, Müller, Schröder, Schwabe, Weinschenk, Weissenborn werden sich in besserem Zusammenhang nochmals erwähnen lassen, wenn wir nun auf das Jahr der Uebersiedelung ins neue Haus, 1887 (December), zu sprechen kommen und vorerst registrirt haben, dass innerhalb des Zeitraumes von 1883—87 nur ausschieden: die schon oben einmal genannten Lehrer Eibenschütz, Insprucker, Alfred Richter, Schimon (Letzterer durch den Tod, sowie ausserdem Bernhard Landgraf, der treffliche erste Clarinettist, der zwar nach 1884, d. h. nach seinem 40jährigen Jubiläum, noch im Orchester des Gewandhauses weiter spielte, seine Lehrthätigkeit am Conservatorium (eben für sein Instrument, die Clarinette) aber aufgab.

Neu zu nennen von Bernhard Vogel in seiner Zusammenstellung vom December 1887 waren die Namen: Ruthardt, Reving, Schreck, Becker, Wendling, Quasdorf, Rehberg, Sitt, Petri, Unkenstein, Gentzsch, Schnecker, Homeyer, Schimon-Regan. Von den Trägern dieser Namen, im Zusammenhang mit den oben aus der Zeit bis 1883 vorläufig nur registermässig nominell aufgeführten berichtete nun der citirte kundige Gewährsmann des Weiteren (jetzt ist schon wieder so Manches davon nicht mehr Gegenwart, sondern Vergangenheit):

Dass in den Herren Adolf Brodsky (geb. 1851 zu Taganrog i. Russl.), Hans Becker (geb. 1861 zu Strassburg), Hans Sitt (geb. 1850 in Prag), Julius Klengel (geb. 1859 in Leipzig) nicht allein Leipzig, sondern die gesammte Kunstwelt eine Streichquartett-Corporation besitzt, die unstreitig eine der herrlichsten, in ihrer Art schwer zu übertreffende ist, wer möchte das anzuzweifeln wagen? Und jeder dieser Künstler ist zugleich mit rühmlichem Erfolge thätig als Lehrer. Während Brodsky ausserdem hochgefeiert wird als einer der vorzüglichsten Geigenspieler der Gegenwart, hat er zugleich am Conservatorium ein Orchester geschaffen, das unter seiner Leitung zu einer wahrhaft bewundernswerthen Höhe der Leistungsfähigkeit emporgestiegen. Julius Klengel (2. Enkelsohn Moritz Klengels, jüngerer Bruder des Dr. Paul Klengel) gehört zu den hervorragendsten Violoncell-Virtuosen der Jetztzeit, der auch für sein Instrument — ebenso, wie Sitt für Violine — mehrere sehr dankbare Concerte und kleinere Stücke geschrieben. — Die Herren Robert Bolland (geb. 1847 zu Olbersleben) und Alwin Schröder (wir nannten ihn auch schon als jüngeren Bruder von Carl Schröder — geb. 1855 zu Neuhaldensleben) bilden mit den Herren Concertmeister Henry Petri und Unkenstein ein zweites Quartett, dessen Vortrefflichkeit gleichfalls die Anerkennung weitester Kreise geniesst. Der Kammervirtuos Alwin Schröder hat seine hervorragende Künstlerschaft auf weit ausgedehnten Kunstreisen wiederholt glänzend erprobt und als Lehrer des Violoncellspiels mehrere Schüler herangebildet, die ihrem Lehrer alle Ehre machen. — Willy Rehberg (geb. 1863 zu Morges i. Schw.), Schüler des Leipziger Conservatoriums von 1882—84, ist seit 1886 Lehrer für Pianoforte (Solo und Ensemble); sein gediegenes, rastloses Streben hat ihn als Solist bereits manchen schönen Erfolg erringen lassen, auch die Kammermusik pflegt er mit grosser Sorgfalt und ist geschätzt als ein feinsinniger Begleiter. — Paul Quasdorf (geb. 1850 in Leipzig) ertheilt Unterricht in Harmonie- und Compositionslehre, sowie im Pianofortespiel (Solo und Ensemble) mit demselben günstigen Erfolg, wie Carl Wendling (geb. 1837 zu Frankenthal in der Rheinpfalz), der gleichfalls wiederholt öffentlich mit Erfolg aufgetreten. — Paul Homeyer (geb. 1853 zu Osterode im Harz), nach Vollendung seiner chemischen Studien an der Universität Schüler des

Leipziger Conservatoriums, seit 1885 als Lehrer für Theorie angestellt, ausserdem die Stelle eines Organisten im Gewandhaus, Riedel- und Bach-Verein, sowie an der Synagoge bekleidend, ist einer der bedeutendsten Orgel-Virtuosen Deutschlands. — Frau Professor Anna Schimon-Regan (geb. 1841 zu Aid bei Carlsbad), als Sängerin, Begründerin eines Damenquartetts und vor Allem als Vertreterin des lyrischen Miniaturgenre's in ganz Deutschland hoch geschätzt, ist eine treffliche Lehrerin für Stimmbildung, Sologesang und Gesangsunterrichts-Methode; ihr Gemahl, Professor Ad. Schimon, schon verstorben, war zu verschiedenen Zeiten als Gesangslehrer am Instistut thätig (s. oben). — Adolf Ruthardt (geb. 1849 zu Stuttgart), Schüler des dortigen Conservatoriums, ist seit 1887 Lehrer für Pianoforte (Solo und Ensemble), nachdem er längere Zeit in Genf pianistisch gewirkt und dort ein Reformator des musikalischen Geschmacks geworden. — Gustav Schreck (geb. 1854 im Reussichen), in Leipzig gebildet, 3 Jahre als Musiklehrer in Finnland thätig, später in Leipzig sich niederlassend, ist seit 1887 als Lehrer für Harmonie- und Compositionslehre angestellt. Er hat sich besonders auch schon als Componist hervorgethan. — Carl Beving (geb. 1862 in Mainz), von 1883—85 Schüler des Leipziger Conservatoriums und als solcher mehrfach durch Stipendien und Prämien ausgezeichnet, ist ein tüchtiger Theoretiker, Pianist, und als Lehrer angestellt seit Michaelis 1887. — Peter August Schuecker (aus New-York, 1874 als Schüler ins Leipziger Conservatorium eingetreten) ist als Harfenvirtuos mit Recht ebenso hochgeschätzt, wie als Lehrer des Harfenspiels. — Erwähnen wir noch, dass auch für die übrigen Instrumente vortreffliche Lehrkräfte gewonnen wurden, dass Oswald Schwabe (geb. 1846 zu Zwickau) im Contrabassspiel, Wilhelm Barge (geb. 1836 zu Wulfsahl in Hannover) die Flöte, Gustav Hinke (geb. 1844 zu Dresden), seit 1867 1. Oboist im Orchester, seit 1882 Lehrer am Conservatorium, ausgezeichneter Künstler gleich den anderen Lehrern von Blasinstrumenten, die Oboe, Julius Weissenborn das Fagott, Friedrich Gumpert das Horn, Ferdinand Weinschenk die Trompete, Robert Müller die Posaune lehrt, dass Traugott Gentzsch (geb. 1838 zu Rehmsdorf bei Zeitz) seit 1864 2., seit 1884 1. Clarinettist und Lehrer am Conservatorium ist, und dass alle diese Künstler gleichzeitig zu den Zierden des Gewandhausorchesters zählen und dessen Ruhm mit aufrecht erhalten, so haben wir einen kurzen Abriss vom vollzähligen Lehrpersonal am Conservatorium gegeben.

So schrieb B. Vogel Ende 1887. Es erübrigt zu bemerken, dass seit dieser Zeit ausgeschieden sind: von den schon 1883 fungirenden Lehrern noch die Herren Brodsky, Lammers, Rust (durch den Tod), Alwin Schröder und Weissenborn, sowie von den bis zur Eröffnung des neuen Hauses eingetretenen schon wieder die Herren Petri, Unkenstein, Rehberg, Schuecker und Frau Schimon-Regan. Dagegen sind seit 1887 als neue Erscheinungen im Lehrerpersonal noch zu verzeichnen: Franz Freitag, Fagott; Gustav Ewald, Musikdirector, Stimmbildung, Solo- und Ensemble-Gesang Gesangsunterrichts-Methode; A. Proft, Regisseur am Stadttheater, Declamations- und dramatischer Unterricht; Concertmeister Arno Hilf, Violine (Solo-, Ensemble-, Quartett- und Orchesterspiel) — ein Spross der bekannten Künstler-Familie in Karlsbad und Elster, zweiter Sohn von Christoph, jüngerer Bruder von Wolfgang, mit dem er bereits 1852 im Gewandhause ein Concert gegeben hat; endlich Fräulein Auguste Götze, Stimmbildung, Solo- und Ensemble-Gesang, sowie Gesangsunterrichts-Methode — die würdige „Tochter ihres Vaters", des Professors Franz Götze, zwar niemals, wie dieser, „zur Bühne gegangen" — „ein edler Sinn liebt edlere Gestalten", möchten wir, wenn man uns nicht missverstehen will, sagen — wohl aber eine bedeutende Concertsängerin, künstlerisch bedeutend ebenso sehr, wie persönlich anmuthsvoll, und früher als Lehrerin in Dresden mit Ehren und Erfolg in den höchsten Kreisen thätig (wie die etwa gleichalterige Clavierlehrerin Marie Wieck, bei Hofe u. s. w.).

Zu der im März begangenen 50jährigen Jubelfeier war in der Vorhalle des neuen Hauses eine Ehrentafel aufgestellt worden, die Namen aller derer enthaltend, welche dem Lehrercollegium angehört haben, bez. gegenwärtig lehrend thätig sind. Wir halten es für angezeigt, hier noch das vollständige Verzeichniss dieser jetzigen Lehrer zusammenzustellen:

Professor Hermann, Professor Dr. Papperitz, Professor Dr. Reinecke, Professor Coccius, Professor Dr. Paul, Dr. Werder, Professor Jadassohn, Leo Grill, Friedrich Rebling, Johannes Weidenbach, Carl Piutti, Bruno Zwintscher, Heinrich Klesse, Alois Reckendorf, Julius Klengel, Carl Bolland, Oswald Schwabe, Wilhelm Barge, Gustav Hinke, Friedrich Gumpert, Ferdinand Weinschenk, Robert Müller, Paul Quasdorf, Hans Sitt, K. Wendling, Traugott Gentzsch, Paul Homeyer, Hans Becker, Adolf Ruthardt, Gustav Schreck, Carl Beving, Franz Freitag, Musikdirector Gustav Ewald, A. Proft, Fräulein Auguste Götze, Concertmeister Hilf.

Aus dem der Anstalt vererbten Vermögen des Geheimrathes Radius sind neuerdings die Mittel geflossen, um eine für das Lehrercollegium bestimmte Pensionskasse zu gründen. Hochherzige Stiftungen wurden auch noch von andrer Seite errichtet. Dem Willen der edlen Geber gemäss ist von Nennung der Namen für jetzt noch abzusehen.

Das vollständige Schülerverzeichniss des halben Jahrhunderts schliesst mit der hohen Ziffer 6166 ab — in den letzten zehn Jahren allein sind noch 2476 hinzugekommen, über ein Drittel noch einmal so viel, als am Schlusse des 25. Jahres die Totalsumme betrug. Kein deutscher und kein europäischer Staat existirt, der nicht mit Landeskindern in dieser Zahl begriffen wäre. Von aussereuropäischen Ländern ist am Stärksten Nordamerika vertreten, das bis 1883 schon 458 Zöglinge beiderlei Geschlechts entsendet hatte. Aber auch Südamerika und Californien, Asien (Westindien) und Australien fehlen nicht; allein der „dunkle Erdtheil" blieb noch unrepräsentirt.

Wir wollen nun, mehr plaudernd, als Geschichte schreibend, noch Mancherlei, doch immer ganz Kurzgefasstes, von der „Legion dieser Schüler" erzählen — natürlich blos von Diesem oder Jenem — z. B. von der interessanten Herkunft des Einen (welcher bekannte Mann der Vater war) oder von der interessanten späteren Laufbahn des Anderen (zu welcher Notabilität der frühere Schüler des Leipziger

Conservatoriums emporgewachsen), u. dgl. m. Wir befürworten, dass in diesen nachfolgenden Mittheilungen mehr der Zufall waltet — ein System, geschweige denn annähernde Vollständigkeit hineinzubringen, das würde allein für sich eine beträchtliche Bogenzahl erfordert haben, eine grössere am Ende, als uns im Ganzen zur Verfügung stand. So mancher bestens in der musikalischen Welt bekannt Gewordene darf es uns also nicht verargen, dass wir ihn doch nicht herausgehoben haben. Im Grunde war unser Leitmotiv hier nur das Spiel unseres Gedächtnisses.

Der erste Inscribirte der 22, am 2. April 1843 in das neuentstehende Institut Aufgenommenen war Theodor Kirchner aus Neukirchen, der bekannte Liedercomponist, später Organist in Zürich; der zweite Christian Robert Pfretzschner aus Plauen, später Director der Dresdner Singakademie. Das erste Fräulein war Sidonie Haubold aus Leipzig, spätere Concertsängerin und Lehrerin daselbst; das zweite Fräulein Ida Franziska Schwarzbach aus Löbau, später renommirte dramatische und Coloratursängerin am Stadttheater zu Leipzig, wie an den Hoftheatern zu Dresden und München und auch an der Wiener Hofoper. Sie blieb in Leipzig unvergessen z. B. als erste Flotow'sche „Martha", kunstgeschichtlich schwer wiegt, dass sie in Wien die Jungfer Anna Reich in Nicolais „Lustigen Weiber von Windsor" und in München die Venus im „Tannhäuser" (mit den vollständigen Hörselberg-Scenen) creirte. Schreiber dieser Zeilen hörte sie ausser in Leipzig — ihre „Martha" steht unauslöschlich auch in seiner Erinnerung — in Dresden z. B. als vorzügliche Donna Elvira neben einer vorzüglichen Donna Anna, der La Grange. Sie blieb in München, ihrer letzten künstlerischen Station, von 1854—64 engagirt und dann noch wohnhaft als Gesangsmeisterin. Schliesslich kehrte sie in ihr liebes Leipzig zurück, wo sie 1880 gestorben ist. War es nicht glückbedeutend, dass gleich unter den ersten Zöglingen des Institutes sich solch ein künftiger „Stern" befinden musste?

Ferner sind aus der Zahl jener 22 herauszuheben: der in der 1. Hauptprüfung 1844 mit einer Symphonie eigener Composition sich vorstellende Siebzehnjährige, Emil Büchner aus Leipzig (†), später Herzogl. Hofkapellmeister in

Meiningen, der Vorgänger Hans v. Bülows in diesem Amte
— August Horn aus Freiberg, der „kleine Horn", erst
vor mehreren Monaten in Leipzig verstorben, ein liebenswürdiges Original, der treffliche Arrangeur und Partitur-Bearbeiter für den Breitkopf & Härtel'schen Verlag —
Rudolph Heinrich Salomon aus Leipzig, zuerst Geiger,
dann brillanter Basssänger, langjähriger Königl. Preuss.
Hofopernsänger in Berlin und jetzt pensionirt daselbst als
Regisseur der Königl. Oper a. D. Auch er war, ausser in
Berlin, in Wien und München engagirt. Seine Glanzrollen
sind Sarastro, Marcel, auch Don Juan gewesen, und vornehmlich Mephisto, in Gounod's „Faust", als welchen ihn
Kaiserin Augusta besonders hochgehalten hat. Salomon ist
einer der Wenigen, die von jenen 22 noch leben —
Friedrich Albert Bratfisch aus Altenburg, später Musikdirector in Stralsund — Hugo Zahn aus Halle, nachmals
Concertmeister in Bremen — Emil Naumann aus Bonn (†),
der Enkel von Johann Amadeus, ein Vetter des Jenenser
Universitäts-Directors Ernst Naumann, später Hofkirchen-Musik-Director in Berlin, zuletzt Professor der Geschichte
und Aesthetik der Musik am Königl. Conservatorium zu
Dresden, ein ebenso notabler Componist, wie Musikhistoriker,
dessen Werke: „Die Tonkunst in der Kulturgeschichte"
und „Illustrierte Musikgeschichte" weite Verbreitung im
ausser-fachmännischen, gebildeten Publicum erlangt haben
— Marie Sachs aus Halberstadt, spätere Frau Professor
Dr. Carl Reclam in Leipzig, geschätzte Gewandhaus- und
Oratorien-Sängerin auch in ihrem Frauenstande noch —
endlich Wilhelm v. Wasielewski aus Danzig, später Musikdirector in Bonn, der erste Biograph Robert Schumanns.

Aus dem Begründungsjahre 1843 wären weiter noch
zu nennen: Moritz Heinrich Hauser aus Dresden, Sohn von
Franz Hauser, später Musikdirector in Königsberg; Louis
Ehlert aus Königsberg, der bekannte Liedercomponist und
musikalische Salon-Schriftsteller, Verfasser von Essays „Aus
der Tonwelt" und der vielaufgelegten „Briefe über Musik
an eine Freundin"; Fanny Koeltz aus Leipzig, dann Mitglied des dortigen Stadttheaters bis zu ihrer Verheirathung;
Constanze Jacobi aus Altenburg, Pianistin und Sängerin,

die noch im Festconcerte 1853 wieder vor die Oeffentlichkeit trat, später die zweite Gattin und Wittwe Bogumil Dawison's; Wilhelm v. Pachert aus Danzig, später ein bekannter „père noble" der Bühne, Vater des Bonvivants Fritz von Pachert und des Fräulein von Pachert, die durch Brandunglück auf der Scene früh verstarb; Otto Goldschmidt aus Hamburg, der spätere bekannte Pianist und Compositeur, Gemahl der Jenny Lind, die ihren in beiden Welten gefeierten Namen mit dem seinen verband und die er, als Wittwer, in einem schönen Memoirenwerk verherrlicht hat; Friedrich Valentin Hermann aus Frankfurt, der jetzige Professor Hermann, Violaspieler des Gewandhauses, der erste Schüler des Conservatoriums, der als späterer Lehrer desselben zu nennen.

Aus den Jahren 1844 ff.: Julius Tausch aus Dessau, der spätere städtische Musikdirector in Düsseldorf, Robert Schumann's Nachfolger in diesem Amte, bekannter Componist — z. B. schrieb er die Musik zu Shakespeares „Was ihr wollt" in der Gisbert von Vinckeschen Bearbeitung. Carl August Gustav Riccius aus Bernstadt, später Mitglied der Dresdner Hofkapelle, Chordirector und Dirigent der Theatermusik im Königl. Hoftheater, ein Vetter des späteren Leipziger Theater-Kapellmeisters und Hamburger Lehrers und Kritikers. Wilhelm Kalliwoda aus Donaueschingen, Sohn von Johann Wenzel Kalliwoda, später Musikdirector am Hoftheater zu Karlsruhe. Ferdinand Breunung, später Musikdirector in Aachen. Heinrich Riccius aus Bernstadt, Bruder von C. A. G. Riccius, eine Zeit lang ebenfalls Mitglied der Dresdner Hofkapelle, dann Musiklehrer in England. Johannes Albertus van Eyken aus Amersfort, später Organist an der reformirten Hauptkirche zu Elberfeld, Orgelspieler von Ruf. Wilhelmine Marie Henriette Stark aus Weimar, nachmals Mitglied des Leipziger Stadttheaters. Julius Lammers aus Osnabrück, später Lehrer am Conservatorium. Franz Seiss aus Dresden, später Lehrer an der Rheinischen Musikschule zu Köln. Woldemar Bargiel aus Berlin, Sohn von Adolf Bargiel und der geschiedenen ersten Gattin Friedrich Wiecks, Stiefbruder Clara Schumanns (während zwischen Marie Wieck und ihm keine Blutsverwandtschaft bestand), namhafter Componist Robert Schumannscher Richtung, gestorben als Professor an der Kgl. Hochschule für Musik in Berlin und Senator an der dortigen Königl. Akademie der Künste. Ferdinand Dulcken aus London, ein Sohn der Hofpianistin der Königin von England, Frau Luise Dulcken, der Schwester Ferdinand Davids, dem zu Ehren er denselben Vornamen trug. Ida Buck aus Eutin, nachmaliges Mitglied des Leipziger Stadttheaters, als Frau Dähne, Gattin des Besitzers der renommirten Weinstube in der Hainstrasse, von der Bühne zurückgetreten. Clara Wilisch aus Leipzig, bekannte Concertsängerin. Henriette Fritzsche aus Leipzig, späteres Mitglied des Darmstädter Hoftheaters. Georg Mertel aus Sonnefeld, bekannter Clavierlehrer in Bremen. Ludwig Brenner aus Leipzig, der spätere „Ritter v. Brenner" aus Petersburg, Director einer renommirten Privatkapelle in Berlin und anderwärts, in Badeörtern u. s. w., à la Liebig und Bilse. Henriette von Bastineller aus München, als Frau des Justizrathes Otto in Leipzig ins Privatleben zurückgetreten. Alexander Winterberger aus Weimar, bekannter lyrischer Tenor der Bühne, auch eine Zeit am Leipziger Stadttheater. Emma Judine aus London, im Gewandhaus mehrfach als Pianistin aufgetreten, eine Künstlerin von eigenem Reiz in Erscheinung und Wesen, die in der Leipziger Gesellschaft nicht unbemerkt blieb. Luise von Moisy aus Audigast, Tochter eines Predigers, die spätere Gattin des bekannten Schriftstellers und k. k. Ministerialrathes Dr. Wilhelm Hamm in Wien, die Mutter der Gemahlin des Baritonisten Beck jun. (Sohnes des „alten Beck" in Wien). Louis Brassin aus Aachen, der bekannte Claviervirtuos, später Lehrer am Conservatorium zu Brüssel, der älteste der drei Brüder, welche Söhne des damals am Leipziger Stadttheater engagirten Baritons Louis Brassin waren. Erik Siboni aus Kopenhagen, der Sohn von Giuseppe Siboni. Engelbert Röntgen aus Deventer, der ausgezeichnete Concertmeister des Gewandhausorchesters als Nachfolger Ferdinand Davids, früher 2. Concertmeister und auch Lehrer am Conservatorium. Marie Pohlenz aus Leipzig, Tochter von Christian August Pohlenz, später als Lehrerin in Leipzig thätig. Hermann Katsch aus Penig und Robert Seitz aus Leipzig, beide später dort als Musikalienhändler etablirt. Robert Papperitz aus Pirna, jetzt Dr. und Professor, Organist und Lehrer am Conservatorium. Ludwig Normann aus Stockholm, später Kapellmeister am Kgl. Theater daselbst. Salomo Jadassohn aus Breslau, jetzt Dr. und Professor, Musikdirector und Lehrer am Conservatorium. Marie Grohmann aus Magdeburg, als Concertsängerin aufgetreten. Roma Panzer aus Leipzig, desgl. Robert Radecke aus Dittmannsdorf i. Schl., der spätere (jetzt pensionirte) Kapellmeister der kgl. Hofoper in Berlin neben Taubert und Dorn. Julius v. Kolb aus Augsburg und Heinrich v. Sahr aus Dresden, später namhafte Componisten, z. B. der Idylle, „Das Mädchen am Bache", sowie des Orchesterstücks „Am Meere" und einer „Frühlings-Ouverture", die mit Beifall in den Gewandhausconcerten zu Gehör gebracht worden sind. Oskar Oettinger aus Leipzig, Sohn von Eduard Maria Oettinger, des Herausgebers des „Charivari", später im Felde gefallen. Leopold Brassin aus Hamburg, der nächste Bruder von Louis Brassin jun. Willem Friederik Gerard Nicolai aus Leyden, später Domorganist im Haag. Robert Freiherr v. Hornstein aus Donaueschingen, bekannt geworden als Componist von Liedern, Operetten und Ballets, sowie als Anhänger von Schopenhauer, über dessen Person und Philosophie er aus näherem Umgang interessante Mittheilungen gemacht, vor einigen Jahren verstorben. Anna Masius aus Leipzig, späteres Mitglied des Hoftheaters zu Karlsruhe und Gattin des Hofschauspielers Braunhofer in Berlin, dann (in 2. Ehe) Gattin des Hoftheaterdirectors Steiner in Schwerin. Carl Hertzsch aus Dresden, späteres Mitglied des Leipziger Stadttheaters, dann von der Bühne zurückgetreten, in besten bürgerlichen Verhältnissen in Eutritzsch bei Leipzig lebend. Fanny Hartmann aus Leipzig, Tochter des bekannten Homöopathen, später Musiklehrerin in England. Johanna Bleyel aus Leipzig, nachmaliges Mitglied des Leipziger Stadt- sowie des Weimarer Hoftheaters. Clara Dessoff aus Leipzig, Schwester von Otto Dessoff (s. w. u.), spätere Gattin des Hrn. Gurckhaus, Besitzers der Musikalienhandlung von Friedr. Kistner in Leipzig. Emma Luise Natalie Starkloff aus Oldenburg, Tochter des bekannten Schriftstellers, Verfassers der sinnigen Novelle: „Die Sirene". Ernst John aus Leipzig, später städtischer Musikdirector in Halle a. S. Jeannette Rosalie Eyth aus Karlsruhe, bekannte Harfenspielerin, spätere Gattin des Dr. Richard Pohl, des „Hoplit" in der „Neuen Zeitschrift für Musik". Wilhelm Langhans, renomirter Pianist, Musikhistoriker und musikalischer Schriftsteller, 1892 in Berlin verstorben als Leiter des Scharwenka-Conservatoriums. Friedrich Rietz aus Düsseldorf, ältester Sohn von Julius Rietz, später in verschiedenen Städten Theater-Kapellmeister. Carl Riedel aus Kronenberg, der spätere Professor, Gründer und Dirigent (bis zu seinem Tode) des berühmten „Riedelschen Vereins" in Leipzig. Wir wollen ausdrücklich noch bemerken, dass wir es uns der Raumersparniss halber nicht zur Regel gemacht, jeden schon eingetretenen Todesfall in der grossen Zahl hier Genannter besonders zu verzeichnen.

Aus den Jahren 1850 ff.: Eduard Dulcken aus London, ein 2. Sohn der Schwester Ferdinand Davids. Auguste v. Perglass aus Hannover, Tochter des damaligen Hoftheater-Intendanten. Luise Hauffe aus Düben, ausgezeichnete Pianistin, oft im Gewandhaus (auch in eigenen Concerten) aufgetreten, gestorben in Leipzig als zweite Gattin Raymund Härtels, des Bruders von Dr. Hermann Härtel und Mitchefs der Firma Breitkopf und Härtel. Anton Krause aus Geithain, namhafter Componist und Dirigent, hochverdient um das musikalische Leben (keineswegs blos der betr. Stadt) als städischer Kapellmeister in Barmen. Friedrich Georg Haubold in Leipzig, später Mitglied des Gewandhausorchesters. Anna Hofmann aus Chemnitz, später Mitglied der deutschen Oper in Prag. Agnes Schönerstedt aus Hettstädt, geschätzte Pianistin. Joseph Japha aus Königsberg, als Schüler des Conseratoriums im Gewandhausorchester mitwirkend. Adalbert Johann Nowotny aus Budweis, später dort Musikdirector und Organist. Marie Carus aus Leipzig, Schwester des Professors Victor Carus, Nichte des „alten Carus" in Dresden, Hedwig Schnabel aus Naumburg, i. Z. bekannte Sängerin, Gattin von Theodor L' Arronge, dem berühmten Dramatiker und Schöpfer des „Deutschen Theaters" in Berlin. Gerhard Brassin aus Aachen, 2. Bruder von Louis Brassin jun. Julius Otto Grimm aus Pernau in Livland, namhafter Componist, von dem im Gewandhaus Symphonien und Suiten in Canonform zur Aufführung gebracht worden sind. Felix Otto Dessoff aus Leipzig, der spätere Dirigent an der Wiener Hofoper, verstorben im vorigen Jahre als Kapellmeister am Stadttheater zu Frankfurt a. M. Gustav Adolph Härtel aus Leipzig, später Musikdirector am Hoftheater zu Schwerin. Gerrit Isaak van Eycken aus Amersfort, jüngerer Bruder von Johann Albert van Eycken. Fredrika Andree aus Wisby, nachmaliges Mitglied der kgl. schwedischen Oper in Stockholm. Marie Wieck aus Merseburg — diese Registrirung in den Receptionsacten des Conservatoriums darf auffallen —, die 2. Tochter Friedrichs, (aus dessen 2. Ehe stammend), Stiefschwester von Clara Schumann. Bruno Emil Wollenhaupt aus New-York, Sohn von Hermann Wollenhaupt. Arrey v. Dommer aus Danzig, der bekannte musikalische Schriftsteller, Historiker und Kritiker, für den „Riedelschen Verein", mit dessen Gründer ihm Freundschaft verband, besonders werthvoll geworden durch Ausgrabung und Bearbeitung der alten Kirchengesänge und Melodieen, welche die Specialität des genannten Vereins wurden. Rudolph Radecke aus Dittmannsdorf i. Schl., jüngerer Bruder Robert Radecke's, Gründer und bis an seinen Tod Leiter eines seinen Namen führenden Privat-Conservatoriums in Berlin. Bertha Walseck aus Köln, später Mitglied des Braunschweiger Hoftheaters, dann Lehrerin am Conservatorium zu Moskau. Felix Dräsecke aus Coburg, bekannter und von der Partei hochgeschätzter Componist der neuen Schule, jetzt in Dresden lebend und noch immer, auch da ihm allmälig mehr verdiente Anerkennung zu Theil geworden, ein Stück „verkannten Genies" in Erscheinung und Stimmung mit sich umherschleppend. Friedrich Rebling aus Barby, der spätere treffliche Opernsänger am Leipziger Stadttheater und nunmehr seit 16 Jahren aufs Verdienstlichste wirkende Gesangsmeister am Conservatorium. Adolf Langert aus Coburg, bekannt geworden als Operncomponist — „Die Jungfrau von Orleans", „des Sängers Fluch", „Die Fabier" —, sowie durch seine persönlichen und künstlerischen Beziehungen zu dem soeben verblichenen Herzog Ernst II. Fanny Masius aus Leipzig, jüngere Schwester von Anna Masius. Hedwig Pfotenhauer aus Dresden, Tochter des Ober-Bürgermeisters. Fritz Gernsheim aus Worms, namhafter Componist, von dem im Gewandhaus z. B. zu Gehör gebracht worden sind: eine Symphonie, Fantasiestück für Violine, „Griechischer Siegesgesang" und „Wächterlied" für Männerchöre. Auguste Brenken aus Soest, nachmaliges Mitglied des Leipziger Stadttheaters. Henriette de Ahna, wenn wir nicht irren, Schwester von Heinrich und Eleonore de Ahna. Albert Tottmann aus Löbau, jetzt Professor, Mitglied des Gewandhaus-Orchesters. Franz Friedrich von Holstein aus Braunschweig, der Componist der Oper: „Der Haideschacht", der „Frau Aventiure" (nachgelassenes Werk, instrumentirt von Albert Dietrich), der Lieder aus Wolffs „Rattenfänger von Hameln" und andrer glücklich gelungener Schöpfungen mehr, Gatte der zweiten Tochter aus dem bekannten Salomonschen Hause in Leipzig, Schwager des Stadtraths Seeburg, leider früh verstorben. Ludwig Schnorr von Carolsfeld aus Dresden, Sohn des Malers Julius Schnorr v. Carolsfeld, nachmaliges Mitglied der Hoftheater zu Karlsruhe und Dresden, einer der ersten „Wagnersänger", der den „Tristan" creirte bei der Premiere dieser Oper im Juni 1865 in München, neben seiner Gemahlin Malwine Garrigues als „Isolde" — 2 Monate später sollte sein Schicksal schon erfüllt sein: er starb im August, gerade während des deutschen Sängerfestes in Dresden. Jan Julian Jimenez aus Trinidad auf Cuba, später Mitglied des Gewandhausorchesters (als Violinist, von 1870—75). Clara Elvira Bergt aus Altenburg, Enkelin von Christian Gottlob August Bergt in Bautzen. Eduard Mertké aus Petersburg, namhafter Componist und Virtuos, späterer Lehrer an der Rheinischen Musikschule in Köln. Eduard Rudolph Sipp aus Leipzig, Sohn von Friedrich Robert Sipp, dem langjährigen Mitgliede des Gewandhausorchesters und Mitstifter der Euterpe". Jenny Sara Hering aus Leipzig, geschätzte Pianistin, spätere Gattin von Robert Heckmann in Köln, mit dem sie viel gereist, beide als Mitglieder des von ihnen als Seitenstück zum „Florentiner" begründeten Heckmannschen Quartetts, mit dem sie auch im Gewandhaus gastirten, leider schon gestorben (eines der ersten Opfer der Influenza 1890). Adolph L'Arronge aus Hamburg — da ist er nun auch selbst, der jetzt so Illustre. Der glücklichsten Ehen eine also, die seinige mit Hedwig Schnabel, führt sich im ersten Sichfinden des Paares auf eine Conservatorien-Bekanntschaft zurück — es ist das alte schöne Lied von der Jugendliebe, die immer die beste bleibt. Julius v. Bernuth aus Wesel, nachmals Dirigent der Euterpe und der Singakademie in Leipzig, dann Leiter der philharmonischen Concerte in Hamburg. Ein Zufall will die Zusammenstellung dieser beiden Namen (L'Arronge und v. Bernuth), insofern als die spätere Frau v. Bernuth, damals eine bekannte, reizende junge Dame Leipzigs, von ihrem Gatten ebenfalls aus dem Conservatorium heimgeführt wurde. Leider ist der Name dem Schreiber dieser Zeilen entfallen. Ein Gleiches ist ihm mit der verstorbenen Gattin des verstorbenen Schriftstellers Friedrich Friedrich widerfahren, die ebenfalls Conservatoristin in Leipzig gewesen. Wir sind der Ansicht, in einer Geschichte unsrer Anstalt dürfe ein Blick auf diese Vorsehungs-Rolle, die sie so zusagen gespielt hat, auf die Fälle, welche, bühnenbildlich gesprochen, zu einem neuen Lustspiel: „Das Conservatorium als Ehe-procurator" den Stoff hergegeben, nicht verabsäumt werden. Die drei hier namentlich erwähnten sind nur ein kleiner Bruchtheil des Thatsächlichen. Johannes Josephus Narret Koning aus Amsterdam, später Concertmeister in Bremen. Johann Georg Egli aus Chur, später bekannter Opernsänger, Gatte der Frau Egli Wirth. Georg Hermann Grieg aus Bergen, älterer Bruder des Componisten Eduard Grieg (s. w. u.) Luise Christiane Hey aus Leipzig, die ältere der beiden ihrer Zeit als die „blonden Schönheiten" Leipzigs gefeierten Schwestern des bekannten liebenswürdigen Kurdirectors Heyl in Wiesbaden (der Name ist für seine frühere Schauspieler-Laufbahn von ihm verändert worden). Wendelin Weisheimer aus Osthofen, bekannter Componist der neuen Schule und Theater-Kapellmeister; ein von ihm in Leipzig gegebenes Extraconcert war 1862 Anlass, dass Richard Wagner nach der Rückkehr aus dem Exil zum ersten Mal wieder im Gewandhaus erschien und dort auch dirigirte. Wendelin Weisheimer hat sich dann aus Leipzig auch seine Gattin, geborene Scholle, geholt, oder vielmehr, ehe er von dannen zog, gewann er sie sich noch; auch sie stand durch Freundinnen dem Conservatorium nahe. Alexandra von Zeplin aus Moskau, später bekannt als Bühnenangehörige, doch nicht als Sängerin wie man meinen sollte, sondern sie war zum Schauspiel übergegangen. Friedrich Hilpert aus Nürnberg, späteres Mitglied des berühmten „Florentiner Quartetts" von Jean Becker. Bruno Zwintscher aus Ziegenhain, gegenwärtig noch Lehrer am Conservatorium. Bertha Nuhr aus Königsberg, spätere Opernsängerin. Die 3 Schwestern Schröder aus Wismar — drei Geschwister, z. B. die 3 Brüder Jimenez oder Hegar, zu verschiedenen Zeiten sind mehrfach vorgekommen, aber so auf einmal, da ist obiges der erste, wenn auch nicht einzige Fall, wie wir gleich noch sehen werden. Antonie Berl aus Leipzig", ebenfalls als Schauspielerin (nicht als Sängerin) bekannt geworden, langjähriges Mitglied des Hoftheaters in Darmstadt, dessen Heldenmutter und „mère noble" sie heute noch ist. Es waren auch drei Schwestern Berl, bekannte hübsche Damen Leipzigs, aber nur diese Eine der Kunst beflissen; sie leben einträchtig zusammen, keine hat sich durch Heirath den Andern entfremdet. Wilhelmine Luise von Inten aus Leipzig, Tochter des jüngeren der beiden Brüder im Gewandhausorchester, des Violinisten Georg Wilhelm Friedrich v. Inten. Drei Geschwister Barnett aus Cheltenham — also ein zweites Trifolium, aber abweichend von dem vorigen, nämlich 1 Bruder und 2 Schwestern*). Anna Marie Therese Franke aus Weimar, spätere Gattin des Schuldirectors und Schulinspectors Dr. Bräutigam. Ernst Eduard Friedrich Hegar aus Basel, später Musikdirector in Zürich. Emil Robert Lienau aus Neustadt, nachmals Besitzer der Schlesingerschen Musikalienhandlung in Berlin.

*) Ein Unicum geblieben ist aber bisher ein geschwisterliches Vierblatt, zugleich inscribirt und studirend — wir wollen es aus der Folgezeit hier schon herausgreifen: unter den im Jahre 1892 aufgenommenen 245 Schülern befanden sich auch die aus dem Staate Wisconsin in Nordamerika herübergekommenen vier Geschwister Giralda, Hulda, Alma und Oskar Voedisch, dem Namen nach also wohl die Kinder deutscher Eltern, resp. eines deutschen Vaters.

Albert Payne aus Leipzig, Sohn des Buchhändlers A. H. Payne und späterer Chef dieser Firma, Gatte der früheren Bühnensängerin Marie Mahlknecht. Marie Büschgens aus Crefeld, geschätzte Concertsängerin, die als frühere Schülerin der Anstalt" im Jubiläumsconcert 1868 sang. Marianne Helene v. Trützschler in Dresden, Tochter des 1848 in der Badener Revolution standrechtlich erschossenen Mitgliedes der Frankfurter Nationalversammlung, Adolfs v. Trützschler. Eduard Hagerup Grieg aus Bergen, jüngerer Bruder des Obengenannten, namhafter Componist, von dem z. B. im Gewandhaus zu Gehör gebracht worden sind: Lieder, Streichquartett, Concerte und Sonaten, Clavierstücke (u. A. „Norwegischer Brautzug im Vorüberziehen"), sowie einige Orchesterwerke mit unterlegtem Text aus der scandinavischen Sage. Anna Schmidt aus Bückeburg, jetzt Frau Dr. Werder, die Gattin des Lehrers der Italienischen Sprache; auch sie sang zusammen mit ihrer einstigen Commilitonin, Marie Büschgens aus Crefeld (s. oben), als frühere Schülerin der Anstalt im Jubiläumsconcert 1868. Xaver v. Makomaski aus Siemon, Leiter einer Gesangsschule in Berlin. Minna Borée aus Blankenburg, späteres Mitglied der Stadttheater zu Leipzig, Breslau, Prag und Hamburg, ausgezeichnete Altistin, verlobte sich auf dem Conservatorium mit ihrem Commilitonen Charles Louis Boas aus Arnheim, der aber als Bräutigam starb, verheirathete sich nachmals mit ihrem Hamburger Collegen, dem Bassisten Kögel und ging mit Tode ab 1890. Thekla Friedrich aus Leipzig, geschätzte Concert- und Bühnensängerin, für die Nessler sein erstes Werk, sein „Dornröschen", schrieb und die dann Gattin des Tenoristen Warbeck in Wiesbaden geworden ist. Emil Hegar aus Basel, der zweite der Brüder, später Violoncellist im Gewandhaus und Lehrer am Conservatorium. Henry Schradieck aus Hamburg, später Concertmeister im Gewandhaus und Lehrer am Conservatorium (Violinist). Wie jener zurück nach der Schweiz, so ging dieser nach Amerika. Gustav Ewald aus Hannover, gegenwärtig Lehrer am Conservatorium (für Gesang), Musikdirector. Arno Kleffel aus Pössneck, renommirter Theater-Kapellmeister, u. A. auch in der Berliner Friedrich-Wilhelmstadt, später am Kölner

Stadttheater. Oskar Paul aus Freiwaldau i. Schl., der jetzige Professor der Musikwissenschaft an der Universität Leipzig und Lehrer am Conservatorium. Ernst Rudorff aus Berlin, namhafter Componist, von dem im Gewandhaus zu Gehör gebracht worden sind z. B. Ouverture zu „Otto der Schütz", Variationen über ein eignes Thema, zwei Symphonieen.
Aus den Jahren 1860 ff.: John Grieg aus Bergen, der dritte der Brüder. Peter Paul David aus Leipzig, Sohn Ferdinand Davids. Georg William Unger aus Leipzig, der spätere „Wagnersänger", erster „Siegfried", den er unter des Meisters Augen, an dessen Hand, ausersehen von ihm zu der Riesenaufgabe und speciell für sie herangebildet, 1876 bei den ersten Bayreuther Festspielen creirte. Franz Leu aus Düsseldorf, ein Sohn des Malers August Leu. Franziska Friese und Ottilie Friese aus Elbing, die beiden die Erscheinung der Therese und Marie Milanollo variirenden Schwestern: Franziska Violin- Ottilie Clavierspielerin; eingetreten im Jahre 1860, gaben sie bereits am 21. October 1862 ein eigenes Concert im Gewandhause. August Wilhelmj aus Wiesbaden, der berühmte Geiger und Weltreisende als solcher. Marie Friedländer aus Leipzig, die ältere der beiden kunstbegabten Töchter des Dr. Friedländer, eines der gesuchtesten „Hausärzte" dort. Hermann Thureau aus Göttingen, später Musikdirector in Eisenach. Melanie Kessler aus Leipzig, geschätzte Pianistin. Hauptlehrerin im Musikinstitut ihres Vaters daselbst. Wilhelm Ferdinand v. Inten aus Leipzig, tüchtiger Clavierspieler, Sohn des Violinisten v. Inten II. im Gewandhaus. Gustav Friedrich Kogel aus Leipzig, namhafter Kapellmeister, u. A. auch am Leipziger Stadttheater, lebt in Cassel. Hedwig Scheuerlein aus Halle, geschätzte Concert- und Bühnensängerin, u. A. am Stadttheater zu Köln, auch im Gewandhaus aufgetreten. Clara Schneider aus Breslau, tüchtige Concertsängerin. Carl Christian Max Erdmannsdörfer aus Nürnberg, später Hofkapellmeister in Sondershausen. Paul Quasdorf aus Leipzig, später Lehrer am Conservatorium. Die beiden Brüder Thern aus Pesth, damals mit ihrem Vater, ihren Lehrer, in Leipzig lebend und zu ihrer universelleren Ausbildung auch noch ins Conservatorium ein-

getreten, zwei, durch ihr vierhändiges Spiel „aus Einem Wurf und Guss" ausgezeichnete Claviervirtuosen. Thekla Friedländer aus Leipzig, jüngere Schwester von Marie Friedländer. Anna Friederike Charlotte Zille aus Leipzig, Tochter des Schöpfers und Leiters des s. g. „Moderneren Gesammt-Gynasiums". Raffael Joseffy aus Pesth, der spätere berühmte Clavirvirtuos; 1878 veranstaltete dann Impresario Hofmann im Gewandhaus ein besonderes „Raffael Joseffy-Concert". Alois Reckendorf aus Trebitsch in Mähren, gegenwärtig Lehrer am Conservatorium. Robert Heckmann aus Mannheim, Gatte von Jenny Hering (s. w. o.) Arthur Vollmer aus Frankfurt a. M., Sohn von Theodor Vollmar und Marie v. Marra, der berühmten Sängerin, der jetzige kgl. preuss. Hofschauspieler. Ignaz Nicolaus Messer aus Frankfurt a. M., Sohn von Franz Messer. Alfred Richter aus Leipzig, Sohn von Ernst Friedrich Richter, später gleich seinem Vater Lehrer am Conservatorium. Margarethe verw. Strehle, geb. Rossmässler, aus Leipzig, jüngere Tochter von Prof. Rossmässler, dem populären Naturwissenschaftler. Julius Hegar aus Basel, der dritte der Brüder. Max Wogritsch aus Hermannstadt, Sohn der Primadonna Frau Wogritsch-Grebner. Marie Widemann aus Leipzig, zweite Tochter des beliebten Helden- und Spieltenors der Schmidtschen Zeit, der z. B. den „Propheten" dort creirte, eine geschätzte Sängerin, die 1868 ein eigenes Concert im Gewandhaus veranstaltete und sich mit Glück auch der Bühne (als Opernsoubrette) zuwandte. Helene Alexandrine Dreyschock aus Leigzig, Tochter Raymund Dreyschock's und der Concertsängerin Henriette Nohse. Eusebius Dworzak aus Patras, später kurze Zeit Lehrer am Conservatorium. Karl Kipke aus Breslau (neben Bernhard Vogel Mitverfasser eines verdienstlichen Büchleins über das Leipiger Conservatorium). Heinrich Klesse aus Gleiwitz, Musikdirector, Lehrer am Conservatorium.

Wir nehmen bei Nennung dieses letzteren Namens die Gelegenheit wahr, hier noch ein vollständiges Tableau derjenigen Schüler des Conservatoriums, die nachmals daran als Lehrer gewirkt haben oder heute noch wirken, aufzustellen, gleichviel, ob zu demselben Zweck die Namen derer und jener von uns an anderem Orte schon einmal oder wiederholt erwähnt worden sind; es sind die Namen: Hermann, Papperitz, Röntgen, Paul, Rebling, Lammers, Eibenschütz, Jadassohn, Klesse, Paul Klengel, Emil Hegar, Weidenbach, Schradieck, Reckendorf, Zwintscher, Alfred Richter, Quasdorf, Dworzak, Kummer, Kretzschmar, Maas, Rehberg, Homeyer, Schuecker, Beving, Ewald — in Summa 26.

Es folge das Tableau derjenigen Schüler, welche Mitglieder des Gewandhaus-, resp. Theater-, allgemein des städtischen Orchesters, wie es schon seit 1840 heisst, geworden sind, bez. es heute noch sind; so manchen dieser Namen zu nennen, nehmen wir hier die erste Gelegenheit wahr: Hermann, Röntgen, Klesse, Emil Hegar, Schradieck, Paul Klengel, Ewald (s. oben die Lehrer), ferner v. Wasielewski, Radecke (Rob.), Langhagen, Korndörfer (E. A. F.), Beyer (**Arthur Max**), Müller (Heinr. Leopold), Oeser (Carl Emil), Pfitzner (Carl Oskar), Haubold, Hietzschold, Hess (Friedr. Bernh.), Nissen (Ernst Lud. Wilh.), Jimenez (Julian und Nicaseo), Tottmann, Pester (Georg Woldemar) und einige Andere.

Da wir die Grenzen des uns zu Gebote gestellten Raumes schon erreicht haben, so wird uns der Leser verzeihen, wenn wir mit Heraushebung von Namen aus dem Schülerverzeichnisse des zweiten Vierteljahrhunderts noch sparsamer verfahren, als dies oben aus dem erten Vierteljahrhundert geschehen ist; aus den letzten Jahren handelt es sich meist ja auch um noch nicht fertige Carrièren und um kaum schon erreichte Ziele — wir wollen deshalb auch vorläufig mit dem Jahre 1883 hier abschliessen.

Es mögen also noch folgende Namen angeführt werden: Paul Klengel, Dr., jetzt Hofkapellmeister in Stuttgart, früher auch eine Zeit lang Mitglied des Gewandhaus-Orchesters und Lehrer am Conservatorium. Die beiden Brüder Paul und Julius Klengel, Enkel von Moritz, unterscheiden sich insofern, als der jüngere, Julius, auch heute noch Mitglied des Orchesters und Conservatoriumslehrer ist, aber nicht Schüler des in Rede stehenden Institutes war. Arnold Krug aus Hamburg, dort jetzt in hervorragender musikalischer Stellung, als Kapellmeister mit dem Titel Professor, thätig — dirigirte z. B. noch im vorigen Sommer, bei der 50jährigen Gedenkfeier des grossen Brandes, den gesammten musikalischen Theil des Festactus auf dem Hopfenmarkt und in der Nicolaikirche. Im Gewandhaus ist z. B. von ihm 1878 ein Idyll in 4 Sätzen für Streichorchester und Harfe: „Liebesnovelle" aufgeführt worden. Baron v. Kaulbars aus Petersburg, wohl ein Verwandter des Generals Kaulbars. Johannes Weidenbach aus Dresden, gegenwärtig Lehrer des Conservatoriums. Nicaseo Jimenez und Manuel Jimenez aus Trinidad auf Cuba, die jüngeren Brüder von Julian. Zusammen veranstalteten die drei 1871 eine Matinée im Gewandhaus, in welcher Julian als Geiger, Nicaseo als Violoncellist, Manuel als Clavierspieler auftrat. Sie spielten selbander ein Trio von Beethoven. Julian und Nicaseo sind auch (von 1870, bezw. 71 an bis 75) Orchestermitglieder gewesen, wie bez. Julians oben schon erwähnt worden. Hermann Kretzschmar aus Olbernhau, vorübergehend auch Lehrer am Conservatorium, jetzt Dr. und Universitäts-Musikdirector. Carl Piutti aus Höxter, gegenwärtig Lehrer am Conservatorium und Organist zu St. Thomä. Alexander Kummer aus Dresden, war eine Zeit lang Lehrer am Conservatorium. Jacob Kwast aus Dordrecht, später Lehrer an der Rheinischen Musikschule zu Köln, namhafter Pianist, der als solcher auch im Gewandhaus auftrat, der Schwiegersohn Ferdinand Hillers als Gatte der als Schauspielerin bekannt gewordenen Tochter dieses Meisters. Luise Auguste Emmy Agthe aus Weimar Nichte der Frau v. Milde (Rosalie Agthe). Martin Röder aus Berlin, namhafter Componist, später in Berlin hervorragend in musikalischen Stellungen thätig, jetzt Kapellmeister in Dublin. Carl Theodor Friedrich Storm aus Husum, ein Sohn des Dichters Theodor Storm. William Shakespeare aus London (ein Name, den man nicht übersehen kann, wo immer man ihn findet!). Walther Pielke aus Dessau, namhafter Opern- und Concertsänger (lyrischer Tenor) in Leipzig, jetzt in Berlin noch manchmal aus besonderen Anlässen in Concertsaal thätig, seinem ursprünglich gewählten Berufe nach, zu dem er zurückgekehrt, aber nunmehr Arzt für Hals- und Kehlkopfleiden). Otto Klauwell aus Langensalza, Dr., Lehrer an der Rheinischen Musikschule zu Köln. Alfred Eduard Abt, ein Sohn des Liedercomponisten und Braunschweiger Hofkapellmeisters. Arno Hilf aus Elster, Concertmeister, gegenwärtig Lehrer am Conservatorium. Eusebius Dworzak von Walden aus Patras, später eine Zeit lang Lehrer am Conservatorium. Tony Heym aus Leipzig, eine Tochter des bekannten Mathematikers Prof. Dr. Heym. Albert Eibenschütz aus Frankfurt a. M., später kurze Zeit Lehrer am Conservatorium. Otto Friedrich Leu aus Düsseldorf, ein 2. Sohn des Malers A. Leu. Peter August Schuecker aus New-York, später eine Zeit lang Lehrer am Conservatorium. Clara Leu aus Düsseldorf, eine Tochter des Malers. Anna Aloysia Elisabeth Deutschinger aus Rostock, eine Tochter Franz Deutschingers, bekannten Charakterdarstellers, Theaterdirectors a. D. und Lehrers seiner Kunst. Marie von Schebalsky aus Warschau — wohl die spätere Schauspielerin und Schriftstellerin, die sich nun mit nom de guerre Schabelsky nennt? Emil Ernst Hettstedt aus Weimar, ein Sohn des rühmlich bekannten Künstlerpaares. Carl Wendling aus Frankenthal i. d. Rheinpfalz, gegenwärtig Lehrer am Conservatorium. Gustav Trautermann aus Wernigerode, schon als Schüler und späterhin oft im Gewandhaus aufgetreten, als Solist z. B. in der 9. Symphonie und im Ensemble. Olga Blüthner aus Leipzig, eine Tochter des berühmten Pianoforte-Fabrikanten. Heinrich Robert van Eycken aus Elberfeld, Sohn des Johannes Albertus van Eycken. Woldemar Arthur Blüthner aus Leipzig, ein Sohn des Vorgenannten. Franz Johann Richard Wollersen aus Hamburg, bekannter Concertsänger. Paul Homeyer aus Lampspringe (Hannover), gegenwärtig Lehrer am Conservatorium, Orgelspieler von Ruf. Friederike Eibenschütz aus Frankfurt a. Rh., Schwester von Albert Eibenschütz. Die Letzten mögen nun sein: Marie Werder aus Leipzig, Tochter des Dr. Werder und der Anna Schmidt-Bückeburg. Zwei jüngere Brüder von Willy Rehberg, aus Morges in der Schweiz. Helene Luise Sturm aus Gera, eine Tochter des Dichters Julius Sturm. Johann Moritz Helmuth Chemin-Petit aus Rostock, Sohn des dortigen Kapellmeisters, eines geborenen

Leipzigers, dez pietätvoll sein Kind in die alte Heimath sandte. Und zum guten Schluss: Felix Weingartner, Edler von Münzberg aus Gratz, seit vorigem Jahr als Dirigent der Kgl. Oper Hofkapellmeister in Berlin und eben jetzt in Folge eines Conflictes, in welchen er mit der Intendanz gerathen, viel genannt. Als Schüler des Conservatoriums zeichnete er sich in den Jubiläumsconcerte 1883 besonders aus, sowohl als Clavierspieler, wie als Componist und als Orchester-Leiter. Namentlich bezüglich des Letzteren konnte man sagen: ex ungue leonem. Speciell sei im Zusammenhang hiermit noch erwähnt: das Mozart-Stipendium des Conservatoriums haben in den ersten 5 Jahren erhalten: 1879 Max Fiedler aus Zittau, 1880 Walter Haynes aus Great-Malvern, 81 Jacob Ehrhardt aus Glarus, 82 Frl. Betzy Holmberg aus Christiania, endlich 1883 Felix Weingartner.

In den letzten Jahren befandeu sich auch vielfach die Kinder von Lehrern am Conservatorium, resp. von Gewandhausorchester-Mitgliedern unter der Schülerzahl, so von Hermann, Gumpert, Barge, Padl, Rebling, Jadassohn, Klesse, Brodsky, Sitt u. A. In einer „Margarethe Stägemann" gesellte sich diesen eine Tochter des Leipziger Theaterdirectors Max Stägemann.

Abgesehen von den Hauptprüfungen finden alljährlich wenigstens 2 öffentliche Concerte statt: das Festconcert zum Geburtstag König Alberts am 23. April und das Gedächtnissconcert für die grössten Wohlthäter des Instituts, das Radius'sche Ehepaar, am 14. November, dem Geburtstag von Justus Radius.

Mit der Erwähnung dreier Grossthaten des Conservatoriums sei nun unsre ganze gedrängte Darstellung zu Ende geführt.

Wir kommen nochmals auf die Festfeier am 10. März d. J. zurück. Auf die Ansprache des Directors Dr. Otto Günther an Se. Maj. den König, als Gast und Protector, sowie an die übrige hochansehnliche Versammlung, folgte, von Hrn. Hans Sitt als Kapellmeister geleitet, die „Neunte Symphonie" von Beethoven. Schon im vergangenen Jahre machte die Aufführung der „Neunten", an der sich ausschliesslich Schüler und Schülerinnen des Conservatoriums betheiligten, berechtigtes und grosses Aufsehen. Vor nur wenigen Jahren noch gab es kein vollständiges Schüler-Orschester; zum Mindesten mussten Fachmusiker als Vertreter der Blasintrumente mitwirken. Seit diesen wenigen Jahren hat sich unter der energischen Direction des Dr. Günther Alles geändert. Nicht allein ein starkbesetztes Streichercorps, wie man es nur in grossen Städten und hervorragenden Orchestern hat, sondern alle Bläser und sonstige Mitwirkende sind Schüler des Instituts; doch wahrlich keine schülerhaften Leistungen werden geboten, es sind Leistungen, über die man erstaunen und zugleich hoch erfreut sein muss. Vornehmlich gebührt der Dank dafür Hrn. Dr. Günther, der nicht nur mit unerschüttertem Muthe und rastloser Thätigkeit seinen Herzenswunsch zur Erfüllung brachte, sondern auch in Hrn. Kapellmeister Hans Sitt eine vorzüglich geeignete und hervorragend tüchtige Kraft zu gewinnen wusste, um die man ein Orchester wohl beneiden könnte. So gestaltete sich denn auch diese Aufführung des Riesenwerkes am 10. März wieder zu einer wahrhaft glänzenden. (Die Namen der 4 Solisten im Schlusschor haben wir oben mitgetheilt.*)

Jene zwei anderen „Grossthaten" liegen einige Jahre zurück. Sie verdienen durchaus, dass ihr Gedächtniss hier aufgefrischt und in diesem Büchlein wach erhalten werde. Es handelte sich in ihnen um die Darstellungen zweier vollständiger Mozart'scher Opern, durchaus in bühnengemässer Form und Gestalt, und gleichfalls durchweg nur mit Kräften aus dem Conservatorium in die Erscheinung gesetzt.

Man höre: am 4. Juni 1889 wurde im „Alten Theater" zu Leipzig, welches Hr. Director Stägemann gütig überlassen hatte, von der Opernschule des Conservatoriums gegeben:

---

*) Wir bemerken dazu hier nur noch, wie dem um die Anstalt langjährig verdienten Friedrich Rebling die Freude zu Theil wurde, seine talentvolle, stimmbegabte Tochter Emmy unter diesen Vier zu sehen und zu hören. Und Katharine Steckhan, deren Partnerin hierbei, ist die Tochter einer frühverstorbenen anmuthreichen Dame, die unter einem Pseudonym eine Zeit lang der Leipziger Bühne angehörte.

„Die Hochzeit des Figaro", komische Oper in 4 Acten von Mozart.
Graf Almaviva — Max Zimmermann a. Berlin. Die Gräfin — Lola Bode a. Buenos-Ayres. Susanne — Anna Münch a. Gera. Figaro — Otto Hunger a. Leipzig. Cherubin — Cecile Abrams a. London. Marzelline — Laura Konopasek a. Kronstadt (Siebenbürgen). Bartolo — Gustav Krausse a. Gohlis. Basilio — Gerhard Vogel a. Connewitz. Don Guzman — Ernst Fournes a. Leipzig. Antonio — Siegfried Kallmann a. Güstrow. Bärbchen — Elise Schmidt a. Reudnitz. Bauern, Bauerinnen, Diener, Jäger.

Und es folgte am 3. Februar 1890 im „Carola-Theater" zu Leipzig (gleichfalls von Dir. Stägemann mit Freundlichkeit zur Verfügung gestellt:

„Die Zauberflöte", Oper in 4 Acten von Mozart.
Der Figaro vom J. 89, Otto Hunger, war nun Papageno, die Susanne, Anna Münch, Pamina. Sarastro — Th. Wünschmann a. Limbach. Königin der Nacht — Maria Chadima a. Leipzig. Tamino — Otto Schröter a. Grossneuhausen. Der Sprecher — Alex Frommermann a. Kamenec-Podolsky. Papagena — Jenny Kunath a. Torgau. Monostatos — E. Fournes (der frühere Don Guzman). Drei Damen — M. Dierkes a. Altona, E. Peucker und M. Melching a. Leipzig. Drei Genien — A. Braune a. Görzig, E. Kappelhoff a. Wittenberg, M. Jochem a. Danzig. Priester und Wächter — G. Krausse a. Gohlis, R. Krausse a. Borna, Fr. Hüppe a. Detmold, E. Hellriegel a. Gross-Corbetha, H. Luntz a. Riga und H. Barge a. Leipzig.

Der trefflichen Gesangsschule des Conservatoriums — bewährte Kräfte, wie Frau Prof. Schimon-Regan (und nunmehr Frl. Auguste Götze), die Herren Musikdirector Klesse und Ewald, der Gesangsmeister Rebling und Regisseur Proft, sorgten und sorgen dafür, dass ihr Ansehen stets rühmlicher sich ausbreite — dieser trefflichen Gesangsschule und dem ausgezeichneten Orchester, geleitet zuerst vom Concertmeister Brodsky, dann vom Kapellmeister Sitt, gebührten die Lorbeeren auch dieser brillanten und ganz allein auf künstlerische Kosten des Conservatoriums bestrittenen Opernaufführungen.

Wir sind zu Ende und legen mit einem Glück auf! für die Zukunft, für das zweite halbe Jahrhundert, die Feder nieder!